종합전형
31문31답

종합전형
31문 31답

표학렬 지음

필자는 입시전문가가 아니다. 정확하게 말하면 입시전문가가 되고 싶은 마음이 없다. 공교육에 몸담고 있는 많은 교사들이 그렇듯, 교사가 입시에 매달리는 것은 '초심을 잃은 행위'라고 생각한다. 그러나 소신과 달리 직장인은 주어진 미션을 수행해야 짤리지 않고 월급 받으며 살 수 있다. 고등학교에서 아이들을 가르치는 교사로서 입시를 외면하고 산다는 것은 절대 불가능하다. '무능 교사'를 쫓아내라는 민원성 전화가 학교에 얼마나 많이 걸려 오는지 학교 밖의 사람들은 상상도 못 할 것이다. 정말 무서운 것은 교장이 아니라 학부모와 학생들이다.

교사 부임 첫해 국사 방과후수업을 맡았다. 수강을 신청한 학생이 50명이었는데, 세 번째 수업 시간에 25명이 결석했다. 두어 시간 더 수업하고 나니 학생이 10여 명까지 줄었다. 3학년 담임들이 아우성을 쳤다. 학교에 실질적인 국사 교사가 필자 한 명뿐인데 애들이 '저 사람한테 배우면 대학 못 간다'고 울고 다닌다는 것이었다. "너 때문에 아이들 꿈이 꺾이면 네가 책임질 거냐"며 질책하는 선배

교사에게, "아이들 꿈이 대학뿐입니까?"라고 대거리하지 못했다.

2002년 3학년 문과반 담임을 시작으로 2019년 3학년 담임 9년차가 되었다. 일단 한 번 3학년 담임을 맡으면 1,2학년 담임을 할 때도 머릿속에 계속 입시가 떠돈다. 공부 못해 괴로워서 술까지 마신다는 아이들 앞에서, 인생의 교훈 같은 이야기는 참으로 한가롭다. 초심이고 뭐고 일단 대학을 보내고, 그 다음에 인생을 논하는 것에 익숙해졌다. 3학년 담임 8년 중 5년을 최근 6년 사이에(2013~2018년)에 맡았다. 내가 맡은 학급의 아이 30명이 대학에 입학하고 5명이 재수해도 그 5명이 가슴에 남는데, 하물며 50퍼센트 이상이 재수하는 현실이니 항상 안타까움과 자책에 시달리며 느끼는 것은 술이고 줄어드는 것은 머리카락이다. 그런 가운데 필자를 괴롭히는 또 하나의 큰 스트레스는 대입을 둘러싼 사회적 논쟁이다.

최전선에서 치열하게 부대끼는 입장에서, 대입 전형을 둘러싼 논쟁을 보면 참으로 한가롭다는 생각이 든다. 얼마나 많은 아이들이 입시 경쟁 속에 고통받고 신음하는지 모르는가? 3학년 담임을 하면서 특히 타 업종의 성인 남성, 그러니까 아버지들과의 만남을 기피하게 되었다. "공부는 알아서 하는 거야. 내 새끼는 알아서 잘 가던데?"라는 말이 듣기 싫어서였다. 아버지라는 존재들은 자식과 아내의 고통은 공감하지 못하면서 입시제도를 둘러싼 논쟁에서 '공정함'과 '계층 이동'을 소리 높여 말한다.

필자는 유능한 입시전문가도 아니고 열렬한 교육개혁가도 아니다. 고등학교 교사 20년 동안 초심도 잃고 많이 비겁해졌다. 단지 "좋은 대학을 가고 싶어요"라는 아이와 어머니들의 욕망에 충실히 답해야 한다는 생각을 갖고 노력하고 있다.

교육 현장에서는 '학생부종합전형'에 관심을 가질 수밖에 없다. 수시와 정시 모집 비율이 7대 3이다. 70퍼센트 이상이 수시로 대학에 진학하는데, 필자가 근무하는 자율형사립고(자사고)는 일반고에 비해 내신 경쟁이 치열해서 내신 성적 위주로 선발하는 수시의 교과전형으로는 아이들을 대학에 보낼 수 없다. 일반고도 내신 성적이 아주 높은 아이들만 교과전형으로 갈 수 있다. 그러면 논술전형과 종합전형뿐인데, 논술전형은 기본 경쟁률이 25대 1이고 웬만하면 50대 1이 넘으니 당락을 장담할 수 없다. 그러니 결국 내신 성적이 비교적(?) 평범한 아이들을 좋은 대학에 진학시키려면 종합전형을 연구하는 방법밖에 없다.

종합전형은 파괴의 묘미가 있다. 성적 낮은 아이가 높은 아이를 제치고 좋은 대학에 합격할 확률이 가장 높다. 정시에서는 1등이 2

등보다 좋은 대학 갈 가능성이 거의 100퍼센트지만, 종합전형은 2등이 1등보다 더 좋은 대학 갈 가능성이 50퍼센트는 된다. 그래서 종합전형이 공정하지 않다고들 말하지만, 오로지 공부만 잘하는 1등과 학교 생활 전반에서 뛰어난 활동 능력을 보여 준 2등 중에서 누가 더 좋은 대학을 가는 것이 공정할까? 국영수 잘해서 경영학과 가는 학생과 경영·경제에 대해 이미 폭넓게 공부한 아이가 경영학과에 가는 것 중 무엇이 더 공정할까? 수능 점수를 잘 받았는데 인기학과는 떨어질 것 같아 하향 지원해서 서울대 국사학과에 합격한 학생과, 수능 점수는 조금 낮아도 역사 덕후인 학생이 서울대 국사학과에 합격한 것 중 무엇이 더 공정한가?

종합전형의 매력은, 성적순으로 줄 세우기보다 그 학생의 꿈에 집중할 수 있는 전형이라는 것이다. 물론 그 꿈에는 어느 정도 실력이 뒷받침되어야 한다. 수학 못하는 학생이 경영학과에 갔다가 그 복잡한 경제수학을 어떻게 감당하겠는가. 영어 못하는 서양사 전공자? 암기력 떨어지는 의대생? 환자가 피 흘리며 사경을 헤매는데 책 찾아보는 의사는 생각만 해도 끔찍하다.

종합전형은 성적순 줄 세우기라는 기존 대입제도의 문제를 개혁하겠다는 취지에서 나왔다. 그 취지와 목표는 분명 옳다. 물론 시행한 지 얼마 안 돼서 많은 부작용이 나타나고 있는 것도 사실이다. 하지만 개혁 초기에는 항상 부작용이 있기 마련이다. 처음 학교 체벌을 금지했을 때 교실 붕괴니 뭐니 난리가 났지만 결국 체벌은 학교에서 사실상 퇴출되었다. 종합전형은 그 취지를 잘 살려야 할 개혁안이며, 부작용이 있다고 과거 '행복은 성적순' 시절로 되돌려서는 안 된다.

종합전형의 취지를 잘 살리려면 먼저 종합전형에 대해 잘 알아야 한다. 종합전형이 무엇이고, 어떻게 운영되어 왔고, 무엇을 평가하는지부터 명확히 알아야 한다. 필자가 보기에, 종합전형에 대한 현재의 언론 보도나 교육전문가들의 비판은 전형에 대한 이해와 설명을 생략한 채 이루어지는 경우가 많다. 이런 측면도 있다. 많은 이들이 자신의 입시 경험을 바탕으로 논쟁에 참여하는데, 문제는 그 경험이 현실과 동떨어져 있다는 점이다. 2000년대 들어 입시제도가 해마다 많이 바뀌어서 현재의 종합전형과 5년 전 종합전형이 많이 다르다. 그래서 입시제도 관련 논쟁에서 경험에 지나치게 의존하면 혼란이 가중된다.

상황이 이렇다 보니 학부모나 학생들은 종합전형에 대한 공포

(이해하기 어렵고 무조건 불리하기만 한, 우리 아이 미래에 드리우는 검은 그림자)를 가질 수밖에 없다.

학부모와 학생들이 언론이나 여러 기관에서 발표한 입시 관련 통계나 자료를 보고 의아해하는 경우가 종종 있다. 예컨대 전국에는 수백 개의 대학이 있고 모집정원이 수험생 총수보다 많다. 경쟁률이 0.99대 1이다. 그런데 입시 경쟁은 왜 이리 치열한가? 현실에서 체감하는 입시 경쟁은 학생들이 진학하고 싶어 하는 대학의 모집정원 대 수험생 총원의 비율이기 때문이다. 이 책은 이런 주관적 측면을 반영하여 썼다. 필자는 교사로서 교육 현장에서 부딪힌 경험을 바탕으로 종합전형에 대해 이야기하려 했다. 주관적이라도 체감할 수 있는 입시 이야기를 원한다면 이 책이 도움이 될 것이다.

다만 필자의 역량 부족과 개인적 경험이 확대 해석된 측면이 있을 것이다. 이 점은 양해하고 보아 주기 바란다. 입시 관련해서는 진학 담당자들 사이에서도 논쟁이 많은데 가장 많이 나오는 말이 "일반화의 오류"일 것이다. 이런 측면 역시 감안하고 읽기를 바란다. 끝으로, 책에 소개된 사례들은 개인 사생활 보호를 위해 적당히 윤색했음을 밝힌다.

2019년, 하나밖에 없는 자식이 고3 수험생 생활을 치르고 있다. 사실 공부는 본인이 알아서 하는 것이 맞다. 부모든 학교든 결국 환경일 뿐, 입시전쟁은 철저하게 아이들 몫이다. 필자가 초심을 지키고 싶었던 이유도, 내 아이만큼은 입시전쟁 없는 세상에서 살게 하고 싶었기 때문이다. 그런 세상을 만들어 주지 못한 데 대해 항상 미안해하고 있다는 것을 언젠가는 아들놈이 알아주었으면 한다. 그리고 아내도.

　공교롭게도 이 책을 만든 출판사의 편집자들도 수험생 학부모다. 이 책이 필자의 가장 가까운 지인들에게도 도움이 되기를 바란다. 세상의 모든 수험생과 학부모들이여. 우리의 길은 두 가지다. 입시전쟁에 치열하게 임하는 것, 그리고 이런 세상을 바꾸는 것.

2019년 6월

표학렬

차례

종합전형
지원방법

?

도대체 종합전형이 뭔가요?

종합전형에 대해 이야기하기 전에 먼저 대학 입시전형이 어떻게 구성되는지 살펴보자.

대학 입시는 수능(대학수학능력시험) 점수 위주로 선발하는 **정시**와, 수능 이외의 평가 요소로 선발하는 **수시**로 나뉜다.

정시 수능 위주, 3장의 원서, 충원율

정시는 매년 11월 셋째 주 목요일에 실시하는 수능 성적을 중심으로 12월 말~1월 초에 원서를 접수한다. 지원자는 가군/나군/다군 3개 군에서 각 1개 학교씩 지원할 수 있다. 서울대는 가군, 연·고대는 나군, 중앙대는 다군 등 전국의 모든 4년제 대학이 3개 군에 나뉘어 속해 있다. 학생은 3개 군에 각 1개 학교씩 지원할 수 있으므로, 총 3개 대학에 지원할 수 있다.

정시는 기본적으로 수능 성적을 중심으로 평가하는데, 고등학교 내신 성적과 출결 사항을 반영하는 대학도 있다. 또 일부 대학은 모집 정원을 둘로 나누어 2개 군 이상에서 분산 모집하기도 한다. 예컨대 국민대는 전공에 따라 모집 단위를 가군, 나군, 다군 3개 군으로 나누어 신입생을 선발하기도 했다. 한 학생이 원서를 3장까지 쓸 수 있으므로 과거 학력고사 시절보다 경쟁률이 높다. 기본이 3대 1이고 10대 1이 넘는 대학도 꽤 많다.

지원한 대학에 합격하면 우선 임시등록을 하고 다른 대학 합격 결과를 기다린다. 2개 이상 대학에 합격하면 한 곳을 골라 최종등록을 한다. 예컨대, 가군에 합격한 학생이 나군에도 합격한다면, 둘 중 한 대학을 골라 최종등록한다. 최종등록을 하면 나머지 한 학교는 합격이 취소되고, 그 빈자리는 추가합격생이 채운다. 그래서 대학에서는 불합격 학생도 등수를 매겨 예비번호를 부여하고 순서대로 추가합격을 시킨다. 등록과 등록 포기가 반복되므로 추가합격 발표는 보통 4차 이상까지 진행된다.

대학에서 추가합격시키는 인원 비율을 '충원율'이라고 한다. 모 대학 사학과가 10명 모집에 예비번호 10번까지 추가합격되었다면 충원율은 100퍼센트다. 이 경우 실제 합격선은 지원자 중 10등이 아니라 20등이다. 그래서 대학에서 공개하는 합격 커트라인 자료를 보면 최초합격자, 최종합격자 등으로 나뉘어 있다. 따라서 정시에 지원할 때는 수능 점수와 함께 충원율을 고려해야 한다. 이때 치열한 눈치 작전이 벌어진다.

경상계열 진학을 원하는 학생이 있었는데 연세대 경영학과는 아무래도 힘들 것 같아 경제학과를 지원했다가 떨어졌다. 연세대 경영학과 커트라인이 너무 높아서 경제학과로 하향 지원한 학생이 많아 그해 경제학과가 경영학과보다 커트라인이 높았다는 소문이 돌았다. 이듬해 비슷한 점수를 받은 학생이 연세대 경영학과에 지원했는데 예비번호 60번대를 받았고 결국 추가합격했다. 최초합격자 중 서울대에 중복 합격된 학생들이 많아 충원율이 높아진 것이다.

요즘 정시 지원은 모험과 안정의 구분이 희박해졌다. 하향 지원 경향이 두드러지면 안정적으로 지원해도 불합격하고 오히려 상향 지원에서 대박이 터질 수도 있다.

수시 4개 전형, 6장의 원서

수시는 크게 네 가지 전형으로 나뉜다. 논술시험으로 선발하는 **논술전형**, 내신 성적으로 선발하는 **교과전형**, 교과(내신 성적)와 비교과(활동)로 선발하는 **종합전형**, 그 외 **특별전형**이 있다. 수시 지원을 앞두고 대학 모집요강을 찾아보고는 입을 떡 벌리는 부모들이 많다. 전형이 너무 많고 복잡해서다. 대학의 수시 모집요강은 웬만하면 100페이지를 훌쩍 넘긴다. 누군가 서울 소재 40개 대학의 모든 전형을 세어 봤더니 최소한 3~400개라고 한탄하기도 했다. 그러나 겁먹을 필요는 없다. 이름은 달라도 수시 전형은 논술, 종합, 교과 세 개뿐이다. 나머지는 모두 특별전형으로, 특별한 사람들만 지원하는 전형

---

* 이 전형들에 대학마다 각기 이름을 붙여서 논술전형을 일반전형이라고 하는가 하면 종합전형을 일반전형이라 하는 학교도 있다. 종합전형의 명칭도 '미래인재', '프론티어' 등 다양하다. 따라서 모집요강의 전형명에 붙어 있는 (종합), (교과)를 확인해야 한다.

이니 이에 해당하지 않는 대부분의 사람들은 신경 쓰지 않아도 된다 (특별전형에 대한 설명은 168쪽 참고).

수시는 9월에 원서를 접수하고, 10월 초부터 11월 말까지 전형을 진행하며, 12월 중순까지 합격자를 발표한다. 수시에 합격하면 정시 지원 자격은 박탈된다.

수시는 총 6개 학교에 지원할 수 있으며, 같은 대학이라도 중복지원이 허용되는 전형이라면 여러 개 쓸 수 있다. 대학마다 종합, 논술, 교과 모집정원 비율이 모두 다르기 때문에 전형별 모집정원을 잘 살펴보아야 한다. 다만 상위권 대학일수록 종합전형의 모집 인원을 늘리는 추세이며, 상대적으로 중하위권 대학은 교과전형 모집 인원이 많은 편이다.

논술전형 스토리텔링보다는 지식

논술전형은 수시의 대표적인 전형이다. 그러나 서울대와 고려대 논술이 폐지되는 등 최상위권 대학이 논술을 축소하는 추세여서 비중이 많이 떨어졌다. 최근 종합전형을 둘러싼 논쟁이 치열해진 이유도 명문대 수시의 중심이 논술전형에서 종합전형으로 옮겨 갔기 때문이다.

논술은 1천 자 분량의 서술형 주관식 시험이라고 보면 된다. 대개 예시문을 제시하고 2~4개 문제를 주며 시험 시간은 120분 정도다. 이과 논술은 수학 및 과학 시험이고, 문과 논술은 국어 및 사회 시험이다. 글을 잘 쓰면 붙을 것이라고 낙관하는데, 논술전형의 취지는 국영수 성적이 좀 떨어져도 전공 지식이 풍부한 학생을 선발하려는 것이다. 따라서 자기가 하고 싶은 이야기를 주저리주저리 쓰고 나오는 학생들은 대개 떨어진다. 스토리텔링이 채점 기준이 아니라 지식이 기준이기 때문이다. 물론 그렇다 해도 논술은 글 잘 쓰는 학생이 유리하다. 특히 문과 논술이 그렇다.

그래서 대부분 대학에서는 논술전형에 수능 최저학력기준(수능 최저)을 둔다. 곧, 수능시험에서 대학이 요구하는 점수를 받지 못한 학생은 아무리 논술시험을 잘 봐도 탈락이다. 논술전형의 수능 최저 점수는 보통 정시 커트라인 바로 아래 수준 정도다. 예를 들어, 정시 합격선이 수능 94퍼센트 수준(1등급 2개, 2등급 1개)의 대학이라면, 논술 수능 최저는 91퍼센트(1등급 1개, 2등급 2개) 정도로 잡는다. 논술전형에 수능 최저가 없는 대학도 있는데, 그런 경우 내신 반영 비중이 높다. 이런 대학은 합격 후 미등록자가 발생하는 것을 방지하려는 것이다. 논술전형의 경우, 내신은 낮은데 평소 모의고사 성적이 높은 학생들이 정시에서 떨어질 것에 대비해 보험 삼아 지원하는 경우가 많다. 그러다 보니 미등록하거나 합격하더라도 반수하는 학생이 많아 대학이 골치를 앓는다. 그래서 애초에 합격한 뒤 등록해서 열심히 다닐 학생들만 선발하려고 일부러 내신 비중을 높이는 것이다.

소수지만 내신 성적도 반영하지 않고 수능 최저도 없는 대학이 있다. 대표적인 것이 한양대 논술전형인데 논술 문제 난이도가 높다. 종종 논술 대박이 터지기도 하지만, 대학 측에서는 선발한 학생 수준에 만족한다며 앞으로 논술전형이 이런 방식으로 발전할 것이라고 예측하기도 한다.

교과전형 내신 위주, 일반고형 전형

교과전형은 내신 성적을 기준으로 뽑는다. 그래서 '일반고형 전형'이라고 부르기도 한다. 예를 들어 이화여대 교과전형인 '학교장추천전형'은 커트라인이 내신 1.2일 때도 있다. 자사고나 특목고에서 이 정도 내신이면 의대에 지원할 수준이다. 그러니 자사고인 본교는 이화여대 교과전형은 거의 지원하지 않는다. 이처럼 고등학교의 내신 성적 수준이 다르므로 대학에서는 수능 최저로 기준선을 잡는다. 교과전형의 수능 최저는 논술과 비슷해서 대개 정시 합격선보다 한 단계 아래로 잡는다. "수능 최저 못 맞춰서 떨어졌다"는 말이 가장 많이 나오는 전형이다.

교과전형은 고입 때 우수 학생을 우선선발하여 내신 경쟁이 치열한 특목고나 자사고 등에서는 지원하기 어려운 철저하게 일반고에 유리한 전형이고, 그래서 공교육 살리기에 가장 적합한 전형으로 평가받는다. 교육개혁 진영에서 종합전형 폐지에 대한 대안으로 교과전형을 제시하기도 한다. 그러나 두 가지 측면에서 약점이 있다.

첫째, 과연 '공정성'을 주장하는 여론을 이겨 낼 수 있을까? 학교마다 내신 성적 수준이 천차만별이므로 이 전형을 확대한다면 반발이 엄청날 것은 불 보듯 뻔하다. 결국 수능 최저 기준이 세분화되고 강화되면서 정시의 변형된 형태가 될 가능성이 높다. 둘째, 이미 내신도 사교육에 장악당했다. 학원에 가면 지역 학교별로 내신 대비 강의가 수두룩하다. 수시 전형이 확대되면서 특히 지역 학원에서는 살아남기 위해 수능이 아니라 내신 대비 강의를 대폭 강화했다. 교과전형이 확대되면 이에 대비하는 사교육이 더욱 활성화될 것이고, 결국 정시와 마찬가지로 비싼 사교육비를 대는 고소득층에게 유리할 것이다. 일례로, 한때 전국에서 학력수준이 가장 높은 곳이 경북 경산시여서 화제가 되었는데, 높은 내신 성적을 받으려고 대구 상위권 학생들이 전입했기 때문이라는 분석이 많았다.

개인적으로도 교과전형이 현재 대학 입시에서 공교육에 가장 유리한 전형이라고 생각하지만, 그 확대 가능성에 대해서는 비판적이다.

종합전형 비교과, 정성평가, 전공 능력과 잠재력

종합전형은 간단하게 말하면 '교과'(내신 성적)와 '비교과'(교내 수상, 진로, 독서·동아리·봉사 등의 활동)를 종합하여 학생을 평가하는 전형이다. 평가 항목은 정량평가定量評價, 즉 내신 성적이나 봉사 시간처럼 양적으로 계산할 수 있는 것과, 정성평가定性評價 즉 전공적합성 및 인성처럼 양적으로 계산할 수 없는 것으로 나뉜다. 대학마다 정량평가와 정성평가를 적절하게 혼합하여 평가하는데, 객관성 논쟁이 일어날 때마다 정량평가가 강화되는 경향을 보인다.

종합전형은 말 그대로 종합적으로 학생을 판단하는 전형이다. 학업역량, 인성, 잠재력, 전공에 대한 흥미와 소질 등을 모두 평가하며, 이를 위해 내신 성적·생활기록부·자기소개서·추천서·면접 등 다양한 평가 방법을 활용한다. 특히 고등학교 생활의 모든 면이 기록된 생활기록부가 핵심 평가 자료가 된다.

종합전형에도 수능 최저가 있다. 하지만 논술전형이나 교과전형에 비해 수능 최저가 없는 대학이 많은 편이다. 종합전형의 취지가 성적이 약간 낮더라도 전공 능력이나 잠재력 등 대학에서 훌륭한 성적을 낼 수 있는 자질이 우수한 학생을 선발하고자 하는 것이기 때문이다. 하지만 정성평가에 대한 객관성 의혹으로 사회적으로 많은 비판을 받고 있다. 종합전형의 특징, 준비, 전략 등은 뒤에서 자세히 설명했으니 여기서는 생략한다.

종합전형
지원방법

서연고 / 서성한 / 중경외시?

'서연고, 서성한교(교대), 중경외시이, 숙건동, 홍국서성…' 서울 소재 대학을 서열화하고 그 순서를 앞글자를 따서 부르는 말이다. 서울에는 총 40개 대학이 있는데, 냉정하게 말해 현재 대학 입시란 이 40개 대학을 서열화해서 성적순으로 보내는 것이라고 할 수 있다. 이런 대학 서열은 서울 외 다른 모든 지역에 존재한다.

정시 서열과 수시 서열은 다르다

이 서열은 수능 점수를 기준으로 매겨진다. 곧, 정시의 서열인 것이다. 정시에서는 서울대가 연세대보다, 연세대가 성균관대보다 입학 성적이 높다. 30년 전에도 그랬고 지금도 그렇다. 그래서 학부모들 머릿속에 이 서열이 강하게 박혀 있다.

그런데 이 서열이 수시로 가면 깨진다. 연세대 떨어진 학생이 서울대에 입학하고, 이화여대 불합격한 학생이 고려대에 합격한다. 성적순 서열화에 익숙한 부모들은 지금도 내신 성적이나 모의고사 성적을 기준으로 대학에 지원하려 한다. 예를 들어, 모의고사 성적이 전교 상위권인 학생은 수시 지원에서도 서연고에 지원하려 하고 합격 가능성이 높다고 생각한다. 반면 성적이 조금 낮은 학생은 언감생심이다. 그러나 실제로는 그렇지 않다.

종합전형을 둘러싸고 공정성 논란이 일어나는 가장 큰 이유가 바로 이 대학 서열 파괴에 있다. 4등 대학에는 4등 학생이 가는 것이 공정하다고 보는 것이다. 그러나 이 주장에는 모순이 있다. 4등 학생은 어디까지나 시험 성적이 4등인 것이지, 그 학생의 능력 총합이 4등인 것은 아니다. 그래서 수시 지원할 때, 특히 종합전형에 지원할 때는 대학 서열에 대한 고정관념을 깨야 한다.

성신여대에 지원하기에는 내신 성적이 약간 모자란 학생이 있었다. 학생의 어머니는 안정적으로 광운대나 숭실대 지원을 희망했다. 하지만 광운대와 숭실대는 내신 성적을 많이 반영하기 때문에 일반고보다 내신 경쟁력이 떨어지는 자사고 학생은 지원하기 어려웠다. 정시에서는 성신여대가 숭실대보다 입학 성적이 약간 높기 때문에 부모님은 숭실대에 지원하면 합격 가능성이 더 높을 거라 생각한 것이지만, 수시에서는 숭실대가 성신여대보다 더 어렵다. 마찬가지로 정시에서는 서울여대와 성신여대가 비슷한 수준이지만, 2018년 수시에서 서울여대는 넘사벽이었다.

수시 지원에서는 기존의 대학 서열이 어긋난다는 것을 느낄 수 있다. 대학마다 원하는 인재상이 다르고, 대학별 특성이 있기 때문이다. 대학 입학설명회를 들어보면, 전공적합성은 필요 없고 계열적합성(문과·이과 적합성)만 본다는 대학이 있는가 하면, 세세하게 전공적합성을 본다는 대학도 있다. 생활기록부보다 내신 성적을 중시한다는 대학도 있고,* 생활기록부와 내신 성적을 50대 50으로 본다는 대학도 있다. 출결 사항을 본다는 대학도 있고, 안 본다는 대학도 있다.

몸이 항상 골골하는 학생이 있었다. 중간고사 기간에 밤새 공부하고 시험이 끝나면 앓아눕는 스타일이다. 대개 출석률과 성적이 일치하는데 이 아이는 아주 예외적으로 질병 결석이 많았다. 걱정이 돼서 모 대학 입학사정관에게 물었다.

"그 대학은 출결을 보나요?"

"아뇨. 보지 않습니다."

"그래도 결석이 많으면 아무래도 차이가 나겠죠?"

"큰병을 앓고 10일 정도 장기결석하는 아이들은 많으니까요."

"얘는 3년 동안 꾸준히 결석했는데요."

입학사정관은 당황한 표정으로 이렇게 답했다.

---

* 모 대학에 대해서는 "생기부 보실 필요 없습니다. 내신 2.0부터 2.9까지, 정시처럼 인기학과서부터 비인기학과까지 과 서열에 따라 주욱 지원하시면 됩니다. 공부만 봅니다."라고 설명했다.

"그런 아이가 우리 학교에 지원한 적이 없는 것 같은데요. 어떻게 판단해야 할지…."

"너는 ○○대 스타일" 그렇다면 무엇을 염두에 두어야 할까? 우선 아이의 특성을 파악해야 하고, 대학이 원하는 인재상과 얼마나 일치하는지도 보아야 한다. 이상적인 이야기처럼 들리는가? 몇 가지 사례를 들어 설명해 보겠다.

서울대가 추구하는 인재상은 교수, 학자 스타일이다. 일단 공부 자체를 즐기고, 새로운 이론을 탐구하고 만들어 내는 데 도전하는 것을 즐기는 창의적 인물이어야 한다. 또한 이론가일뿐 아니라 국가 싱크탱크로서 애국심과 리더십도 갖추어야 한다. 종합하면 자기 소신이 또렷하고 공부 그 자체를 즐기는 학생이다. 예전에 동료 3학년 담임이 한 학생을 두고 고민을 하고 있었다. 성적은 서울대 입학감인데 고집이 세서 담임 말을 듣지 않아 지도하기 어렵다는 것이다. 필자가 이렇게 말해 주었다.

"내버려 둬. 알아서 서울대 갈 놈이야. 담임이 도와주지 않아도 돼."

그 학생은 결국 서울대에 갔다. 내 판단이 꼭 맞아떨어져서는 아니고, 담임이 음으로 양으로 많이 신경 써 준 덕이겠지만.

성균관대 논술은 어휘력과 수리적 능력이 좋은 학생에게 유리한 스타일이다. 1년에 두어 번 우리 반 학생들에게 논술 기출문제를 내고 평가를 해 주는데, 눈에 띄게 수리적 논리력이 뛰어난 아이가 있었다.

"넌 성대 스타일이네. 한번 지원해 봐."

그 학생은 성균관대를 지원했고, 그해 본교 문과에서 성균관대 논술 유일한 합격생이었다.

외국어 실력이 아주 우수한 학생이 있었는데 본인은 사회과학 계열 진학을 원했다. 눈높이도 높았다. 다행히 학생 어머니가 담임 인 필자와 뜻이 맞아 사회과학 계열은 하향 지원하고 외국어 계열 은 약간 상향 지원했다. 여기서 약간이란 본인은 안정권이라고 생 각하는데 담임이 상향 지원이라고 생각하는 경우다. 과연 결과를 보니 하향 지원한 사회과학 계열은 떨어지고 상향 지원한 외국어 계열은 합격했다. 학생은 아쉬워했지만 곧 마음을 고쳐먹고 대학 입학 후 해외연수를 지원하는 등 열심히 학교 생활을 한다는 소식 을 들었다.

경희대 종합전형(네오르네상스)은 대개 경희대를 목표로 준비한 학생을 선호한다고 알려져 있다. 그런데 필자가 몸담은 학교에서 경희대라는 특정 대학을 콕 집어서 준비하는 학생은 없다. 경희대 지원하는 학생들은 최소한 서성한을 노리고 준비하면서 하향 지 원하는 경우가 많다. 그래서인지 서강대나 성균관대는 합격해도 경희대나 외대는 백발백중 떨어진다. 우리 학교 학생들에게는 '경 외시'가 '서성한'보다 어려운 대학인 것이다.

한때 강남에서 서울대 보낸 엄마보다 연세대 보낸 엄마를 더 쳐준다는 말이 돌았다. 필자도 비슷한 생각이다. 서울대 합격하고 연세대 떨어진 아이들을 수도 없이 봤다. 서울대 붙고 연세대·고려대 다 떨어지는 아이도 봤다. 어학 계열 지원의 경우 비록 1차 합격이지만 서울여대 떨어지고 외대 붙은 아이도 있었다. 외대가 어학 능력보다 해당 국가의 문화와 문학 관련 소양을 좀 더 중요시하기 때문이라는 분석이 설득력 있어 보인다.

필자가 지금까지 종합전형 입시에서 소위 '대박'을 친 사례는, 어릴 때 한국에 들어온 재일교포 아이를 일본어과 보낸 것이다. 집에서 일본어로 대화하고 할머니가 아직도 일본에 거주하시는 이 학생은 뛰어난 일본어 실력으로 서울 소재 대학에 입학했다.

종합전형은 기존 대학 서열의 파괴로 공정성 시비에 휘말리곤 한다. 실제로 학생 특성과 대학이 원하는 인재상이 일치하여 성적보다 높은 대학에 합격한 경우가 많은 것도 사실이다. 장점도 있고 단점도 있지만, 기왕 장점을 잘 살린다면 국영수 성적순 세상으로부터 아이들을 구하는 길이 될 수도 있지 않을까?

종합전형도 내신 성적이 중요한가?

서울 소재 4년제 대학 정시 커트라인은 통상 수능 백분위 평균 80퍼센트로 본다.* 즉, 수능에서 국어 80퍼센트, 수학 80퍼센트, 영어 2등급(절대평가), 탐구 2과목 평균 80퍼센트는 받아야 된다.** 이 정도면 전 과목 수능 3등급이다(3등급은 77~89퍼센트다). 산술적으로 따지면, 한 학급 30명 중 6등 안에 들어야 하고, 문과가 200명 정도 되는 학교에서 계열(문/이과) 석차 40등 안에 들어야 한다. 일반적인 학생들의 심리적 마지노선이 건국대인데, 건국대 정시

---

* 실제로는 차이가 있지만 대략적으로는 서연고 98퍼센트, 서성한 및 교대 95퍼센트, 중경외시이 93퍼센트, 숙건동 90퍼센트, 홍익·국민·서울여대·성신여대 87퍼센트, 그 외 82~86퍼센트, 서경·한성·삼육 80퍼센트 정도로 잡는다. 이과는 이보다 2~3퍼센트 낮게 잡는다. 그러나 90퍼센트 이하 학교들의 백분위는 많이 변화한다. 최근에는 세종대·가톨릭대 등을 상승세로 보고 좀 더 높이 평가하기도 하며, 여대는 더욱 변화무쌍하다.

** 원점수로 보면, 국어 80점 이상, 수학 문과 70점, 이과 80점 이상, 탐구 두 과목 각 40점 이상(50점 만점)이다. 물론 그해 수능 난이도에 따라 차이가 난다.

커트라인이 90~92퍼센트(이과는 좀 더 낮다)이니 반에서 3등, 전교 (200명 중) 20등 안에 들어야 한다. '종합전형도 내신 성적이 중요한가?'라는 질문은, 이를 전제로 던져져야 한다.

'인서울' 커트라인은 3~4등급
서울 소재 4년제 대학 종합 전형의 내신 커트라인은 일반고 기준 평균 3~4등급대로 본다. 자사고는 4~5등급대, 특목고는 그보다 더 낮을 것이다.

내신 평균이란, 각 과목 내신 등급의 평균이다. 즉, 내신 성적이 국어 3등급, 수학 5등급, 영어 2등급, 사회 2등급, 과학 5등급이라면 (3+5+2+2+5)÷5=3.4, 즉 3.4등급이다.[*] 내신 평균 3.4면 서울 소재 4년제 대학의 종합전형 합격권이라고 볼 수 있다. 한 학급에서 내신 평균 1~3등급 학생은 5~8명이다.

종합전형도 내신 성적은 당연히 좋아야 한다. 다만 정시만큼 부담스럽지는 않다. 정시가 반에서 6등 안에 들어야 한다면, 종합은

---

[*] 실제로는 단위수에 따라 차등 계산해야 하므로 약간 다르게 나올 것이다. 즉 국어 주당 5시간, 한국사 주당 2시간이라면 수업 시간(단위수)를 반영해서 차등을 두기 때문에 똑같은 3등급이어도 단위수가 높은 국어를 잘 본 학생이 내신은 약간 높게 나온다. 여기에 대학별로 내신 산출 방법이 달라서 전 과목 성적인가, 국수영사(혹은 과학)만 반영하는가, 학기별로 가중치를 둘 것인가 등에 따라 또 차이가 난다. 이러한 차이를 모두 계산하면 실제로는 3.4±0.1~0.3까지 나오기도 한다. 그러나 0.5 차이까지는 비교과 영역에 따라 뒤집을 수 있으므로 대략 계산해도 큰 차이는 없다고 볼 수 있다.

10등 안에 들면 된다. 물론 30명 중 10등도 매우 힘든 일이다. 명심해야 할 것은, 공부 못하는 애들은 서울 소재 대학에 못 간다는 현실이다. 상위 30퍼센트 밖의 학생이 '좋은 대학'에 입학할 수 있는 대입 전형은 존재하지 않는다.

그런데 똑같은 내신 10등도 왠지 강남 애들이나 특목고 애들은 잘 가고 강북 애들은 못 가는 것 같다. 정말일까? 정말이다. 강남 학생들을 좀 더 잘 봐주기 때문일까? 그보다는 대학이 내신을 적용할 때 **표준점수**를 보기 때문이다.

내신 등급의 복병, 표준점수 표준점수란 얼마나 내신을 쉽게 획득했는지를 보여 주는 수치다. 학교에서 나눠 준 내신 성적표를 보면 원점수와 평균점수가 있고 괄호 안에 표준점수를 표기해 놓았다. 이 표준점수가 특목고의 경우 한 자릿수, 자사고나 명문 일반고의 경우 10점대, 일반고는 20점대에서 최고 30점 대까지 나온다. 표준점수를 간단하게 설명하면, 평균을 기준으로 최고점과 최하점의 학생 분포를 보여 주는 수치다. 예를 들어 전체 학생이 80~100점을 받았다면 표준점수는 10점이며 그만큼 내신 경쟁이 치열했다는 뜻이다. 반면 전체 학생이 40~100점을 받았다면 표준점수는 30점이며, 공부 못하는 학생이 많아 상위권 학생이 상대적으로 쉽게 내신을 땄다는 의미다.

한국에서 중학 전교 1등만 간다는 민족사관고의 경우, 1학년 모의고사에서 전교생이 수학 1등급을 받았다는 이야기를 들었다. 전교생 수학 실력이 전국 4퍼센트 안에 들어간다는 뜻이니, 이런 학교는 수학 표준점수가 10점 이하로 나오는 것이 당연하다. 과거 강남의 일반고인 ㅈ여고에서 전학 온 학생의 성적표를 보았는데, 수학 표준점수가 14로 자사고인 본교보다 더 낮았다. 표준점수와 평균점수, 학생의 원점수 세 가지만 대조해 보면 그 학교의 내신 경쟁 수준을 볼 수 있다. 표준점수를 참조하면 같은 내신 등급이라도 상위권 학생들이 몰리는 소위 '명문고' 학생들이 일반고 학생들보다 성적을 높게 평가받는다. 물론 강남이라고 해도 다 같은 강남이 아니기 때문에 지역 전체가 유리할 리는 없고, 소위 강남의 명문고들에 해당하는 이야기다.

그래도 종합전형의 품이 더 넓다

그렇다면 내신 성적만 무조건 잘 받으면 되는 것일까? 그렇지 않다. 아주 '고전적'인 학생이 하나 있었다. 내신 공부만 아주 열심히 하는 학생이었다. 오로지 '성적! 성적!'을 외치며 아무 활동도 안 했다. 그래서 생기부(생활기록부)는 비교적 깨끗한 편이었다. 2학년 담임이 '학급 회장 선거라도 나가 봐라. 독서도 좀 해라.' 온갖 충고를 다했지만 소용없었다. 그 담임이 필자에게 와서 어쩌면 좋겠냐고 물었다.

"정시로 가야지."

"요즘 애들 유리 멘탈인데 어떻게 정시를 믿어?"

"교과전형으로 쓰기에는 내신이 낮고, 종합전형 쓰기에는 생기부가 없고…."

"애 눈높이가 높은데 큰일이야."

결국 그 학생은 재수해서 원하는 대학을 정시로 갔다. 이미 세상은 성적지상주의가 아니다. 성적이 조금 낮아도 활동력과 생활력이 강한 사람을 선호하고, 성적에만 몰두하며 세상과 담을 쌓고 사는 사람을 인재로 보지 않는다.

'종합전형도 내신 성적이 중요한가'라는 질문은, 기본적으로 성적 경쟁인 대입에서 당연한 이야기다. 다시 강조하지만, 상위 30퍼센트 안에 들지 못하는 학생을 위한 대학은 없다. 아니, 정확하게 말하면 상위 30퍼센트 이내 학생이 가는 대학과 30퍼센트 이하 학생들이 가는 대학으로 나누어진다. 전자는 이름은 들어 본 대학, 후자는 처음 들어 보는 이름의 지방대나 전문대, 즉 그 지역 학생들만 진학하는 4년제 대학이나 당장의 취업을 위한 전문대다. 솔직히 대학을 이런 식으로 나누고 싶지 않지만, 고3 담임하면서 후자의 대학을 권했다가 "지금 우리 애 무시하는 거예요?"라고 소리치는 학부모들에게 종종 봉변(!)을 당하다 보니 나도 모르게 이런 구분에 익숙해져 버렸다.

어쨌든, 그럼에도 종합전형은 정시보다 합격 가능한 성적 폭이 큰 편이다. 정시에서 서울 소재 4년제 대학은 최하위권도 문과는 80퍼센트, 이과는 75퍼센트 안에 들지 못하면 불가능하지만, 종합전형은 종종 60퍼센트까지도 합격한다. 중위권 학생에게 조금이라도 기회가 돌아간다는 점에서, 종합전형이 정시보다는 성적에 여유가 있는 편이다.

생활기록부는 소설이라는데?

소설이 많은 것이 사실이다. 하지만 소설을 쓸 수밖에 없는 제약이
있다.

"애 인생 망칠 거예요?" 생활기록부는 교육행정정보시스
템 나이스NEIS 학부모서비스에 접속하면 열람이 가능하다. 그러다
보니 학생에게 조금이라도 불리할 것 같은 표현이 있으면 즉각 항
의전화가 걸려온다. 항의전화뿐만 아니라 교육청에 민원이 들어
가고 심하면 민사소송까지 들어온다. 필자도 학부모의 민사소송
에 대비한 보험을 들어 놓았는데, 이런 보험이 교사들 사이에서 대
유행이다. 특히 고교 담임이라면 생기부 기재 내용 때문에 언제든
민사소송을 당할 수 있으므로 상당수가 가입해 있다. 그러나 보험
을 들어 봤자 소송에서 패했을 경우 배상금의 일부만 보험금이 지

급되니 가능하면 소송에 휘말리지 않아야 한다. 결국 가장 좋은 방법은 '적당히 좋게' 써 주는 것이다.

물론 명백한 교권 침해다. 생기부 기재에 관한 교권을 평가권이라고 하는데, 불행히도 한국은 평가권이 가장 취약한 나라다. 학부모들이 교사의 평가권에 도전해도 청와대, 교육부, 교육청, 교장, 어느 누구도 대응하려 하지 않는다. 한국에서 교사가 평가권 운운했다가는 패가망신하고 쪽박 차기 딱 좋다.

혹자는 학부모가 써 달라는 대로, 심지어 학원에서 써 준 것을 들고 와서 써 달라고 하면 그대로 써 주는 교사가 있다고 비판한다. 실제 이런 교사가 많지는 않지만 일부 있다고 들었다. 필자도 "애 인생 망치면 책임질 거냐?"며 막무가내로 교무실에서 뻗대는 학부모를 겪어 보았다. 물론 교사들이 알아서 조심하기 때문에 그런 경우는 매우 드물고, 학부모들이 그렇게 몰상식하지도 않다. 또, 종합전형은 담임의 권한이 강한 전형이어서 생기부의 한두 개 표현 때문에 담임과 불편한 관계를 맺으려고 하는 학부모도 별로 없다. 필자에게 뻗대던 어머니들도 수정할 수 없다고 말씀 드리면 슬픈 얼굴로 돌아섰지 난동을 부리지는 않았다. 단지 그 슬픈 얼굴이 엄청 부담스러울 뿐이다.

그렇다면 생기부는 평가 가치가 없는가? 그렇지 않다. 종합전형을 지원하는 아이들의 생기부는 A4용지 크기에 10포인트 이하 글자로 빼곡히 채워 최소 7~8장에서 최고 20~30장까지 된다. 이 많은 내용을 전부 조작하는 것은 불가능하다.

생기부를 담임 혼자 작성하는 것도 아니다. 봉사는 학생 본인이 하는 것이고, 봉사 특기사항은 학생이 봉사활동을 한 단체에서 써 주는 것이 원칙이다. 동아리 활동은 동아리 담당 교사가 쓴다. 교과 활동사항은 그 학생이 1년 동안 배우는 모든 교과목(국어, 수학, 영어, 탐구, 제2외국어, 교양과목 등)의 담당 교사들이 쓴다. 수상 실적과 성적은 개입의 여지가 없다. 수상 실적 및 성적을 조작하는 것은 교사 입장에서 파면 행위다. 애 하나 대학 보내겠다고 평생 직장을 포기할 교사는 없다.* 독서활동 항목은 책 제목과 저자만 기록하게 되어 있다. 종합의견 정도만이 오롯이 담임 몫이다.

진짜 소설을 썼다가는 한 아이의 생기부 작성에 참여하는 교사는 3년 동안 20명이 넘는다. 각 교사들은 각자의 판단에 따라 아이들의 활동을 기재한다. 동아리 활동을 적극적으로 하는 아이와 시간 때우러 들어온 아이, 교과 조별활동에 대충 묻어 가는 아이, 성적은 나쁘지만 수업 태도가 좋은 아이, 학교폭력에 연루된 아이, 착한 아이, 이기적인 아이…. 생기부를 꼼꼼히 들여다보면

---

* 언론에 보도된 성적 조작은 권력형 비리, 즉 학교 측의 지시에 따른 것이지 교사 개인이 하는 것이 아니다.

종합적으로 이 아이의 학교 생활이 눈에 보이게 되어 있다.

예를 들어, 사교육에 의존하는 아이의 경우 과목 세부특기사항(과세특) 기록란에 수업 태도나 참여도와 관련된 표현이 없다. 수업 시간에 멍하니 앉아 있는 아이에게 써 줄 말이 없는 것이 당연하다. 그런데도 담임 종합의견에 "수업 시간에 능동적으로 참여하였음"이라는 내용이 있다면, 이것은 '영혼 없는 서술'이다. 필자는 담임으로서 우리 반을 맡은 교과 교사들에게 수업 태도가 좋은 아이가 누군지 항상 물어본다. 대개 수업 태도와 성적이 일치하지만 그렇지 않은 아이들도 있다. 이런 아이들은 과목 세부특기사항을 대부분 발표로 때우고 있는 것을 볼 수 있다. 혹시 그래 놓고 참여도가 높았다고 써 달라고 선생님께 부탁하는 아이도 있지 않을까? 절대! 없다. 아이들이 그렇게까지 나쁘지 않다. 그리고 아이들도 안다. 그런 부탁을 했을 때 선생님께 모욕적인 말을 듣게 될 것임을. 스스로 욕먹을 일을 자처할 정도로 아이들이 멍청하지 않다. 설령 써 준다 해도 참여도가 높았다고만 써 주지 구체적으로 어떤 활동에 어떻게 참여했는지까지 써 주지는 않는다. 없는 일을 만들어 낼 수는 없으니까. 구체적인 내용이 없는 추상적 문구가 별 의미가 없다는 것을 누구보다 아이들이 잘 안다.

종합전형을 준비하는 학생에게 아쉬운 점을 말한 적이 있다. 비유하면 국문과 가겠다는 아이가 소설 한 권 읽은 적이 없는 식이었다.

"소설 하나 읽었다고 쓰면 어떨까요?"

"앞으로 한 달 안에 읽을 거면 쓰고."

"한 달 안에 어떻게 읽어요. 모의고사가 당장 코앞인데."

"그랬다가 면접 때 물어보면 어쩌려고?"

"역시 안 되겠죠? 안 쓰는 게 좋을 것 같아요."

애들은 간단히 말해도 생기부가 소설이면 곤란하다는 것을 금방 안다.

인간성보다는 전공적합성 　　 종합전형을 준비하는 학생이나 학부모들에게 아쉬운 점 중 하나는 뽑히는 사람 입장에서만 생각할 뿐, 뽑는 사람 입장에서 생각하지 않는다는 것이다. 가끔 과목 세부특기사항에 기술된 표현을 정정해 달라고 요청하는 아이들이 있다. 그런데 아이가 문제 삼는 것이 대부분 인성 관련 내용이다. 혹시 불성실한 아이로 비춰지지 않을까 하는 걱정이 대부분이다. 가령 "발표 시간을 초과하여…" 같은 문구를 놓고 걱정한다. 교과 교사는 학생의 준비 수준을 사실 그대로 표현한 것이었다. 교과 특기사항이니 해당 교과목에 대한 호기심, 성실성, 흥미 분야 등을 기재해야 하기 때문이다. 그런데 학생들은 시간을 안 지키는 아이, 즉 준법성에 대한 안 좋은 평가로 받아들이는 것이다. 걱정하는 학생에게 웃으며 말해 주었다.

"이게 과목 세부특기사항이지 종합의견이냐? 이게 생기부지 발표대회 채점지냐? 그럼 대충 준비해서 주어진 시간만 채웠다고 써 줄까?"

담임으로서 교과 교사와 아이들의 갈등을 해결하고 조정하는 것도 큰일이다. 그래서 아침 조회 때 아이들에게 이런 훈화를 한 적도 있다.

"너희들 생기부는 '기승전 인간성'이냐? 전공적합성도 없고 특기도 없고, 오직 인간성이야? 종합이 무슨 인간성 테스트하는 전형인 줄 알아?"

종합전형은 대학에서 전공 분야를 성실히 공부할 사람을 뽑기 위한 전형이고, 오로지 성적으로 명문대만 좇는 정시 전형의 문제점을 해결하려고 만든 것이다. 전공적합성을 보여 줄 가장 좋은 평가항목이 과목 세부특기사항과 동아리 활동이다. 그런데 아이들은 아무래도 자기가 남에게 어떻게 보여질까에 집중하다 보니 과목 세부특기사항과 관련해서 엉뚱한 이의 제기를 하곤 한다.

정말 중요한 것은 전공에 대한 흥미와 성실성인데 정작 이 부분은 신경 쓰지 않는 아이들이 많다. 2학년 세계사 시간에 한 학생이 발표를 했는데 본인의 희망 전공과 동떨어진 내용을 주제로 삼았다. 예를 들어 세계사 수업 발표의 경우, 경상계열 지원을 희망하는 학생은 경제사, 정치외교 지원 희망자는 정치사 이런 식으로 주제를 잡는데, 이 학생은 어학 계열 희망자면서 외교사를 주제로 발표했다. 학생을 불러 차라리 외교문서 번역 문제를 다루어 보지 그

랬냐고 했더니, 그렇게까지는 생각해 보지 않았고 그저 과목 세부 특기사항 항목에 한 줄이라도 활동이 더 기록되면 좋을 것 같아서 발표를 했단다. 이런 학생이 제일 안타깝다. 2퍼센트 부족한 학생. 기왕 발표하는 것, 조금 더 자기 희망 전공 분야에 집중했으면 좋았을 텐데. 그 학생은 발표문을 정성스럽게 파워포인트로 만들기까지 했다. 성의가 없는 것이 아니라 생각이 미치지 못한 것이다. 그래서 교사들은 "과목 세부특기사항에 한 줄이라도…"라는 아이의 말 속에 담긴 진심까지 읽으려고 노력해야 한다.

"생기부는 소설이라던데?"라는 의문에는 학생들의 노력에 대한 냉소가 담겨 있다. 아이들은 그 소설 같은 한 줄 한 줄을 위해 정말 정성을 다한다. 교사 역시 그 정성을 조금이라도 잘 담아 주려고 노력한다. 그럼에도 아직 어리고 미숙해서 미치지 못하는 부분이 있고, 교사는 그 부족함에 때로는 화를 내면서까지 지적하고 그 태도를 고치려고 노력한다. 그렇게 만들어지는 것이 생기부다.

04
봉사활동은 한물갔다는데?

맞다. 맞는 말이다. 봉사활동은 종합전형 평가항목 중 가장 오랜 역사를 가진 평가 기준이다. 과거 종합전형은 내신 성적, 수상 실적, 봉사활동이 중심이었다. 이 중 내신과 수상 실적은 성적과 관련된 항목이므로 결국 인성과 전공적합성이 봉사를 통해서 드러났다. 그런데 초창기에는 정성평가보다 정량평가, 즉 양이 평가의 중요한 척도였고 당연히 봉사 시간이 많을수록 유리하니 1년 100시간, 2년 200시간이 기본이었다.

민폐를 부른 확인서　　그러다 보니 부작용이 많았다. 과거 성균관대에 봉사전형이 있었다. 봉사활동을 많이 한 학생을 면접으로만 뽑는 전형이었는데, 일반적으로 2년 300시간 이상이면 지원 가능하다고 했다. 필자도 두 명을 지원시켜 보았다. 한 학생은 350

시간, 다른 학생은 500시간을 채웠다. 이 정도 봉사 시간을 채우려면 2년 동안 평균 주 4~5시간 봉사를 해야 한다. 매주 주말을 봉사활동으로 보낸 것이다. 보통 학생들이 주말을 학원에서 보내는 상황에서 이렇게 봉사활동을 하다 보면 당연히 성적에 구멍이 나게 된다. 그래서 내신 성적을 보지 않는 전형인 것이다. 하지만 두 학생 다 탈락했다. 면접에서 떨어졌는데, 면접 본 학생들에 따르면 사실상 스피치 시험 같았다고 한다. 이 전형은 그 뒤 없어졌다.

ㅈ대 입학사정관이 본교 방문설명회에 와서 이렇게 물었다. 지금까지 ㅈ대학 지원자 중 봉사 시간이 가장 많은 학생이 몇 시간 정도 했을 것 같냐고. 누군가 1천 시간이라고 해서 와 하고 웃었는데 답은 1,600시간이었다. 입학사정관은 그 학생의 합격 여부는 말해 줄 수 없다고 했는데, 교사들은 아마도 떨어졌을 거라고 생각했다. 그 정도 시간이라면 봉사의 질을 믿을 수 없고 더군다나 학업에도 상당한 문제가 생겼을 것이기 때문이다. 2년 동안 1,600시간을 봉사하려면 학교 수업 외에 어떤 공부도 하지 못했을 것이다.

봉사 시간을 놓고 경쟁이 붙으면서 많은 부작용이 생겼다. 모 기관에 근무하는 지인은 돈을 내고 봉사활동 확인서를 발급받아 가는 것을 목격했다고 했다. 이처럼 돈으로 봉사활동을 사고, 사람을 사서 대신 보내 봉사활동 시간을 채운다는 소문이 무성해서 대학에서도 봉사활동 기록을 그대로 믿지 않는다는 이야기가 돌았다.

봉사의 부작용은 또 있다. 과거 헌혈을 봉사활동 2시간으로 인

정해 준 적이 있었다. 그때 헌혈이 대유행했다. 1년에 20여 회 헌혈한 학생이 있어서 문제가 되기도 했다. 그때 교사들은 종합전형을 '흡혈전형'이라고 불렀다.

그뿐만이 아니다. 봉사 시간이 중요하다 보니 학교에서 봉사활동의 장을 마련해 줘야 했다. 들로 강으로 아이들을 끌고 나가 봉사하는 경우가 많았다. 그러면 30명 중 20명은 빈둥빈둥 논다. 그렇다고 억지로 시킬 수도 없다. 아무튼 오후 수업을 전부 공치고 나가서 1일 봉사 4시간이다. 거기에 5월 이후 날이 더워지면 땀 흘리며 고생했다고 사비 털어 아이스크림도 사 줘야 한다. 누구를 위한 봉사인지 알 수 없는 상황에서 교사들은 봉사활동 서류 처리 때문에 업무량이 늘어 더 열이 받는다. 절로 입에서 "이거 사기 잖아!"라는 말이 나온다. 심지어 이런 경우도 있었다. 천변 풀 뽑기 봉사를 신청했는데 관리소에서 거절했다. 그전에 봉사활동했던 학생들이 정성스레 심어 놓은 꽃과 잔디까지 다 뽑아 버려서 폭망했다며 절대 학생들 받지 않기로 했다는 것이다. 이쯤 되면 봉사가 아니라 민폐다.

얼마나 진심인가, 얼마나 성장했는가 그리하여 마침내, 참으로 다행스럽게도 봉사 시간은 더 이상 중요한 기준이 아니게 되었다. 솔직히 필자는 봉사활동을 '무임금 노동 착취' 측면이 강하다고 느낀 적이 많아서 잘된 일이라고 반가워했다. 하지만 그렇다고 봉사활동이 완전히 소용 없는 것은 아니다. 봉사의 양이 아니라 질이 중요하다. 이제 봉사활동은 인성을 평가하는 척도가 아니라 전공적합성을 보여 주는 영역이 되었다. 인문학은 도서관 봉사, 사회학은 독거노인 돌보기 봉사, 이공계는 연구 보조 봉사 같은 것이 유행이다. 물론 인성 영역에서도 아직 평가 기준이 될 수 있다. 모 대학 입학사정관이 소개한 사례를 소개한다.

"한 지원자의 봉사활동이 학교에서 실시한 교내 봉사활동인 운동장 풀 뽑기뿐이었어요. 1,2학년 때 봉사활동 안 한 것이 후회되었지만 3학년 때 봉사활동할 여유는 없고, 그래서 풀 뽑기라도 열심히 해야겠다고 생각한 거예요. 그래서 3학년 1학기 교내 봉사활동 때 누구보다 열성적으로 풀을 뽑았다고 자기소개서에 썼더라고요. 우리는 이것을 높이 평가했습니다. 진정성이 중요하다고 판단했어요. 꼭 특별한 봉사활동이 필요하지 않습니다. 중요한 것은 매 순간 최선을 다하는가, 그것이지요."

아마 이 글을 읽는 독자들 중에 '소설에 속아 넘어간 것 아냐?'라고 생각하는 분들도 있겠지만, 자기소개서의 소설은 대개 특별한 것으로 쓰지 일상의 일을 쓰지 않는다. 중요한 것은 일상 속의 성실함에 가치를 두는 학생인가인데, 그런 학생이 막상 그렇게 많지 않다.

학생들이 가장 흔하게 하는 봉사가 어려운 처지의 이웃을 돕는 봉사다. 저소득층 아이들 학습 지도하기, 장애인이나 독거노인 도와주기 등을 주로 하는데, 이런 봉사활동을 자기소개서에 쓰면서 자폭하는 아이들이 많다. 가장 대표적인 사례가 이런 경우다.

"독거노인을 도와드렸다. 너무 고맙다며 눈물을 흘리셨다. 나도 뿌듯했다. 항상 어려운 사람을 도와야겠다고 생각했다."

뭐가 문제일까? 이 글에는 은연중에 자신은 그들보다 낫다는 우월의식이 숨어 있다. 봉사활동에 대해 비교육적이라고 생각하는 교사들이 대부분 이런 측면을 지적한다. 자기보다 못한 사람들을 도와주고 우월의식을 가지며, 그들을 도와주어야 하는 존재, 스스로 일어설 수 없는 수동적 존재로 인식한다는 점이다. 입학사정관들도 마찬가지로 이 점을 지적했다.

"자기소개서에서 가장 중요한 것은 미성숙한 아이들이 어떤 활동을 통해 어떻게 성장해 나갔는가를 쓰는 것이고, 우리는 그것을 통해 이 아이의 잠재력을 보는 것입니다. 사실 19세 아이가 알면 얼마나 알고 자신의 진로를 결정했다고 해도 얼마나 뚜렷하게 확정했겠어요."

중요한 것은 봉사활동을 통해 평등의식을 갖고, 자신이 남들보다 좋은 환경에서 자랐다는 것에 감사하는 겸손한 마음을 갖는 것이 관건이다. 그리고 어려움 속에서도 굳건히 살아가는 분들에게 존경심을 느낀다면 더할 나위 없는 교육이 될 것이다. 사실 단지 스펙 쌓으러 봉사활동 나갔던 아이들은 자기소개서에서 금방 티를 낸다. 그러면 담임에게 호되게 야단 맞고 눈물 콧물 쏟으며 과거 봉사활동을 일일이 되새기고 복기하며 재평가한다. 과거 무의미하게 지나간 행위에 새로운 의미를 부여하는 것, 이것도 종합전형을 지도하면서 느끼는 보람 중 하나다. 그래서 다음과 같은 자기소개서 모범답안이 나오기도 하는 것이다.

"독거노인을 도와드렸어요. 제가 올 때마다 항상 먹을 것을 조금이라도 내려고 노력하세요. 아무리 힘들어도 남에게 베풀려는 그 마음이 항상 뭉클했어요."

아이는 뒤늦게 할머니가 건네 주신 싸구려 사탕 하나의 소중함을 떠올렸던 것이다.

그래도 100시간을 채워라　　　2018년 몇몇 명문대학 입학사정관이 설명회를 위해 학교에 방문했을 때 봉사활동 시간에 대해 질문했다. 시간은 평가 대상이 아니지만 그 대학에 지원하는 학생들 대부분이 100시간 가까운 봉사를 했다는 대답이 돌아왔다. '이른바 최상위권 대학에 가려면 그래도 100시간은 봉사를 해야 하는구나.' 그래서 부랴부랴 내신 최상위권 학생들 생기부의 봉사 시간을 다시 확인했다. 과연 대부분 학생들이 100시간 안팎의 봉사를 한 상태였다.

봉사활동의 양보다 질이 강조되면서 2년 동안 한 가지 봉사활동을 꾸준히 하는 경우가 많다. 한 달에 한두 번 4시간 정도 하고, 여기에 학교에서 하는 봉사 시간, 그리고 요즘은 서브동아리(자율동아리)가 대부분 전공 관련 봉사동아리여서 이와 관련한 봉사 시간도 꽤 된다. 그러니 100시간을 채우는 것이 그리 어렵지 않다. 종합전형 지원을 준비하는 학생들은 자기소개서에 쓸 스펙을 관리하기 위해 정기적으로 봉사활동을 하기 때문에 어렵지 않게 시간을 채운다.

봉사의 원래 취지는 남에게 베풀고 더불어 사는 법을 배우는 데 있지만, 종합전형의 평가항목이 되면서 변질되어 버렸다. 이 때문에 항상 논쟁의 대상이 되고, 요즘은 폐지가 논의될 정도로 중요도가 많이 떨어졌다. 그래도 봉사는 학부모가 챙겨 줄 수 있는 생기부 영역 중 하나이고, 그래서 요즘도 아이 대신 부모가 봉사활동을 해 주는 경우가 있다고 한다. 그런 면에서 봉사는 학생보다는 학부모가 더 애타게 잡고 있는 영역이 아닐까 싶다.

05

동아리는 많이 할수록 좋을까?

동아리는 학교 책임 하에 수업 시간에 진행되는 정규동아리가 있고, 방과후에 아이들이 자율적으로 모여 운영하는 서브동아리(자율동아리)가 있다. 정규동아리는 의무이고 서브동아리는 선택인데, 한때 서브동아리 열풍이 불어서 서너 개씩 가입하여 활동하는 아이들이 많았다. 교내 동아리 활동을 담당하는 부서인 '창의적 체험활동부'(창체부) 교사들은 지금도 서브동아리 운영에 대한 문의 및 민원전화 때문에 아주 골머리를 앓고 있다.

서브동아리는 1개만 하더라도　　학교와 교사들은 서브동아리는 안 해도 괜찮고, 해도 1개 정도가 적당하다고 본다. 하지만 학부모들은 다르다. 무조건 다다익선이다. 왜 그럴까? 두 가지 이유가 있는 것 같다.

첫째, 생기부 양을 늘리기 가장 좋은 영역이기 때문이다. 동아리 활동은 활동 내용을 비교적 자세하게 생기부에 기록한다. 동아리 1개당 서너 줄 쓴다고 할 때, 서브동아리 3개를 하면 정규동아리까지 포함하여 생기부에 열 줄 이상의 분량을 채울 수 있다. 많이 활동한 만큼 좋은 평가를 받을 수 있을 거라고 생각하는 것이다.

또 하나는 특목고의 영향이다. 어떤 특목고의 경우 최고 6개까지 서브동아리 활동을 하는 아이들이 있다고 들었다. 학부모들은 명문고를 흉내 내려는 경향이 강하다. 그래서 "특목고는 이런다더라" 하며 따라 하려고 노력하곤 하는데, 결론적으로 그것은 오해다. 그 특목고에서 서브동아리 활동을 많이 하는 이유는, 오히려 동아리 활동에 크게 비중을 두지 않기 때문이다. 해당 특목고 학부모에 따르면, 정규동아리 활동도 생기부에 한두 줄 정도로 간단히 쓰고 만다는 것이다. 그래서 서브동아리를 여러 개 해야 일반고 학생들 분량 정도가 나온다며 한숨을 쉬었다. 일반고의 경우 정규동아리 활동을 많이 쓰면 대여섯 줄까지 기록하므로 그럴 필요가 없다.

게다가 동아리 기재 사항이 많다고 좋은 평가를 받는 것이 아니다. 동아리는 단체활동이기 때문에 개인활동이 없다. 서브동아리 활동이 많다는 것은 그만큼 주도성이 떨어지고 단체활동에 '묻어간다'는 의미이기도 하다. 개인의 능력을 평가하는 종합전형의 취지와 맞지 않는 것이다. 제3자의 관점에서 서브동아리만 많이 한 아이들의 생기부를 보면 "얘는 뭐 하나 제대로 한 것이 없네"라는 생각이 들지 않을 수 없다.

자소서(자기소개서) 쓸 때 가장 어려운 것이 동아리 활동이다. 단체활동이므로 개인의 역량이 드러나기 어렵다. 그래서 동아리가 전공 관련 활동임에도 많은 아이들이 자소서 쓸 때 인성과 연결 짓고, 자기가 주도한 서브동아리에 한해 전공적합성을 담는다. 필자는 이런 활동에 학생들이 그렇게 많은 시간을 투자하는 것을 이해하기 어렵다.

결론적으로 학부모나 학생들은 아직도 '양'에 집착하는 경향이 있다. 시험 성적이 점수화되듯, 생기부 활동도 숫자화하고 싶어 하는 것 같다. 이는 종합전형의 취지와 맞지 않는다. 슬픈 이야기지만 우리 세대(학부모 세대)는 객관식에 익숙하고 4지선다 5지선다가 '객관적'이라고 믿는 세대다. 이런 관점이야말로 종합전형을 무력화시키는 가장 대표적인 태도다. 잠재력과 전공적합성을 어떻게 수치화할 수 있단 말인가? 아직도 우리는 사람의 가치를 숫자로 표현하고자 하는 욕망에 사로잡혀 있다.

학생 자율, 학교에 항의해도 소용없어　종합전형이 활성화되면서 학교에서 가장 많이 바뀐 것이 동아리 활동이다. 20년 전에는 교내 동아리 10개 중 5개 이상이 영화감상반이었다. 이름이야 독서반, ○○연구반 등 다양했지만 실제로는 영화 감상하면서 쉬는 시간이었다. 그래서 교사들도 동아리 맡는 것을 부담스러워하지 않았다. 영화 틀어 주고 교무실에서 밀린 업무를 처리하는 경우도 있었다. 동아리 배정도 형식은 학생들이 원하는 동아리를 신청하는 방식이지만 동아리 1개당 20~30명씩 할당하므로 원치 않는 동아리에 배정받는 아이들도 많았다. 필자가 운영하는 역사동아리의 경우는 최소 인원을 겨우 채웠는데 그나마 인원의 절반 이상은 희망과 상관없이 억지로 배정받은 아이들이었다.

물론 이화여고를 비롯하여 동아리 활동이 활발하기로 유명한 학교들도 몇 곳 있었다. 정규수업이 끝난 후 학생들이 자율적으로 모여 동아리 활동을 했다고 한다. 사실 방과후수업의 원래 취지도 이런 것이었다(지금은 보충수업으로 변질되었지만). 이화여고에 진학하는 이유가 동아리 활동 때문이라는 학생이 있을 정도였다고 하는데, 그런 학교는 정말 드물었다.

동아리들은 대개 5월 혹은 10월에 열리는 학교 축제에 초점을 맞춰 활동했다. 축제 한두 달 전쯤이면 전시와 발표를 위해 무엇이든 했다. 필자가 맡은 역사동아리도 전시물을 마련하느라 한두 달은 바빴다. 그런데 아무래도 동아리 활동이 형식적이다 보니, 전시물을 교사가 만들어 주면 아이들이 아주 좋아했다. 필자는 전시용 물품들을 미리 모아 두었다가 축제 때 활용하곤 했는데, 아이들은 한편으로는 좋아하면서 또 한편으로 아쉬워했다.

그러던 것이 종합전형이 활성화되면서 완전히 바뀌었다. 동아리가 자율적으로 운영되면서 학생 스스로 운영하고 모집하는 형태로 바뀌었다. 동아리 활동 자체도 종합전형의 전공적합성에 맞춰졌다. 중간·기말고사 직전 외에는 자습을 하거나 영화를 보며 시간을 때우던 동아리는 사실상 사라졌다. 필자가 지도했던 역사동아리도 비록 서너 명이나마 지원자 중심으로 운영되었다.

종합전형으로 인한 동아리의 변화에 대한 교사들의 반응은 다양하다. 학생들이 모두 알아서 활동하니 지도에 대한 부담이 많이 줄었다고 좋아하는 교사도 있지만, 생기부 작성 등 처리 업무가 늘어 불만인 교사도 있다. 정규동아리 외에 서브동아리도 지도하게 되면서 전체적으로 업무량이 늘어났고, 특히 담당 부서인 창체부는 대표적인 기피 부서가 되었다. 무엇보다 과거와 달리 학부모 민원이 아주 많이 들어오는 부서가 되었다. 민원 중 상당수가 왜 우리 아이가 원하는 동아리에 가입하지 못하느냐는 항의인데, 동아리 부원 모집이 모두 학생 자율로 운영되기 때문에 학교에 항의해도 교사들이 해 줄 수 있는 것이 거의 없다. *

동아리 활동은 전공적합성 계발을 위해 권장하는 활동이지만, 앞서 말했듯 단체활동이므로 개인의 역량이 드러나지 않는 한계가 있다. 따라서 단체활동 그 본연의 목적에 충실한 것이 좋다. 본연의

---

* 어느 학부모가 동아리 회장 학생에게 전화를 걸어 자기 아이가 왜 떨어졌느냐고 물은 일도 있다고 한다. 이는 아이에게 폭력으로 받아들여질 수 있는 사안이며 학생자치에 대한 위협이다.

목적이란 단체활동을 통해 협동심을 기르고, 전공 관련 활동을 통해 기초 능력을 배양하며 성적 중심 학교 생활의 스트레스를 푸는 것이다. 뭐든지 합리적이고 적절한 것이 좋지, 과한 것은 해롭다.

성실한 활동에 취약한 남학생들

요즘 여학생들이 생리결석이나 조퇴를 많이 활용한다. 생리공결은 결석 및 조퇴 처리가 되지 않기 때문에[*] 생리통이 심한 여학생들에게 아주 좋은 제도다. 그러나 종종 악용하는 사례가 있어 우려를 낳고 있다. 생리통이 심해 조퇴를 해서 집에서 좀 쉰 뒤에 저녁에 학원에 가겠다는 학생들도 있다. 학원은 생리공결이 없고 학교만 있다 보니 이런 일이 생기는 것이다. 학생들은 출결 인정만 생각하고 생리공결을 쉽게 쓰지만, 그렇게 해서 빠진 학교 생활은 결코 만회되지 않는다. 생기부 자율활동 중 진로탐색 시간이나 동아리 활동 시간에 빠지면 그만큼 활동 내용을 기재할 때 마이너스가 될 수 있다. 하지 않은 활동을 했다고 쓸 수는 없기 때문이다. 과거에는 동아리 활동을 대부분 일괄 입력했지만, 요즘은 종합전형 때문에 최대한 개별화해서 쓰는 경향이 있다. 예컨대, 역사동아리에서 이런 활동을 했는데 특

---

[*] 정확히는 '인정 결석' 처리되며, 결석·조퇴 등의 횟수에 계산되지 않는다. 생기부에도 표시되지 않는다.

히 이 학생은 그중에서도 이런 주제로 어떤 활동을 했다는 식이다. 그러니 건강 문제로 동아리 활동에 자꾸 빠지면 아무래도 기재 내용이 부실해질 수 있다.

종합전형 합격 비결을 물을 때 가장 흔히 나오는 답이 '학교 생활에 충실하라'는 것이다. 학교에 꾸준히 출석해서 수업 열심히 듣고 각종 활동에 성실하게 참여한 학생이 내신 성적은 물론이고 다양한 활동에서 좋은 평가를 받게 되어 있다. 학부모들은 종합전형을 위해 무언가 특별한 활동을 해야 한다고 생각하지만, 모든 '특별한 활동'은 결국 학교 활동에서 불성실한 부분을 메꾸기 위한 것일 뿐이다.

첨언하면, 아들 둔 엄마들이 아무래도 이런 부분에서 답답함을 많이 느낀다. 남학생은 고1, 심하면 고2까지도 사춘기를 겪곤 한다. 특별한 사고를 치는 게 아니라 만사가 귀찮아서 아무것도 안 하기 때문에 '성실한 활동'에는 아무래도 취약하다. 이 때문에 고등학교 입학할 때 가능하면 남녀공학을 피하고 남학교에 보내려는 부모들도 많은데, 어차피 대학 입시는 교내 경쟁이 아니라 전국 단위 경쟁이므로 부질없는 일이다. 남학교 동아리 이름을 보면 마을 산책, 골목 산책 등 'ㅇㅇ 산책반'이 몇 개씩 있다. 차라리 다이어트반이라고 이름을 짓지…. 종종 정시 확대를 주장하는 사람들은 대개 남학생 학부모들이 아닐까, 그런 생각이 들기도 한다.

06
과세특은 보고서와 논문이 대세?

동아리 활동과 봉사활동의 비중이 줄어들면서 최근 가장 떠오르는 것이 생기부의 '과목 세부특기사항'(약칭 과세특)과 '개인 세부특기사항'(약칭 개세특)이다. 개세특은 교과 교사 외에 특히 담임이 써주는 학생의 학업 관련 특기사항으로, 과세특 글자수 제한이나 기타 사정으로 쓰지 못한 내용을 담는 공간이기도 하다.

지금 학교는 소논문·보고서 열풍 과세특이 중요한 이유는 학업 역량과 관련된 항목이기 때문이다. 과거 종합전형이 봉사활동, 수상 실적, 동아리 활동 등 스펙 관리를 중시했다가 공정성과 사교육 개입 문제 등이 발생하면서 그 대안으로 제시된 것이 과세특이다. 그러다 보니 학교에서는 종합전형에 대비하여 과세특 관련 내용들을 개발하는 데 총력을 기울이고 있다.

이 중 가장 논쟁이 되는 활동이 탐구보고서나 심화보고서 같은 각종 탐구활동보고서 작성 및 발표 활동이다. 원래 과세특은 방과후수업을 수강하고 그 수업 내용을 기재하는 것이 중심이었는데, 학생 개인별로 기재하는 데 한계가 있고 내용도 추상적인 데다 조작 가능성이 높아서 평가에 어려움이 있었다. 이런 단점을 극복하고 전공 심화 및 학업 역량 강화 노력을 드러내는 수단으로 각종 보고서와 소논문 작성 활동이 활성화되었다. 하지만 목적에 걸맞는 수준 높은 논문을 학생의 힘만으로는 쓰는 것은 현실적으로 어렵다. 그러다 보니 학교에서는 상위권 아이들을 모아 특별반을 운영하였고, 당연히 중위권 학부모들의 불만이 터져나왔다. 게다가 소논문 수준을 높이려면 관련 전공자의 지도가 필요한데, 학교는 국영수 중심이고 교사도 국영수 교사들이 대부분이라 인문과학이나 자연과학 계열의 전공 심화 과정을 지도할 교사가 부족하다. 그래서 대학의 석·박사 전공자들을 불러 방과후수업 형태로 운영하면서 소논문과 보고서 지도를 맡겼다. 이는 학교 교육 충실이라는 원래 취지와 맞지 않을 뿐 아니라, 방과후수업이라 해도 수업료를 학생이 부담하게 되어 결국 교육비 증가로 이어진다.

이처럼 소논문 및 보고서 작성 과정에서 여러 부작용이 나타나자 교육 당국은 이런저런 규제를 가했고, 학교에서 지도가 어려워지자 학부모들이 사교육을 찾기 시작했다. 학원에서 석·박사 과정을 섭외해서 돈을 받고 소논문 지도를 위탁하는 것이다. 문제는 학원에서 지도한 소논문 내용을 어떻게 생기부에 기재하느냐였다. 당연히 학원에서 작성한 지도 내용을 학부모가 들고 와 학교 교사에게 생기부에 기재해 달라고 압력을 가했다. 요즘 입시 핫 플레이스에서 유행한다는 소위 '생기부 대필' 논란이 가장 첨예하게 일어나는 것이 바로 이 부분이다.

학생들은 소논문 외에도 과세특을 위해 학기말이면 각종 보고서를 작성해서 수업 시간에 발표하고 발표 내용을 생기부에 기재한다. 과거에는 종합전형을 지원하는 학생들이 소수였지만 이제는 문과 한 반에 10명 이상, 이과는 20명 이상이 지원하기 때문에 발표하는 학생들이 많아졌고, 그래서 교과 교사가 내용을 지도하기보다 그냥 발표 내용을 듣고 간단히 요약하여 써 주고 있다.

교사들의 평가 근거는 수업 태도 폭풍 같은 소논문·보고서 열풍을 겪으며 느끼는 점은, 참 부질없다는 것이다. 전공 관련 심화 활동이기는 하지만 독서, 동아리 등도 전공적합성이기 때문에 중복되는 경우가 많다. 아예 활동이 없는 것보다야 낫겠지만 너무 과한 경우가 많다. 종종 글자수 제한에 걸려서 힘들여 한 소중한 활동이 제대로 기재되지 않거나, 심지어 기재하지 못하는 경우까지 생기곤 한다. 더욱 안타까운 것은 너무 많이 해서 막상 자소서를 쓸 때 활용도가 낮은 경우가 많다는 것이다. 심화보고서는 내용이 너무 깊어서 자신의 역량을 폭넓게 보여 주려 할 때는 오히려 활용 가치가 떨어진다.

개인적으로 보고서나 소논문은 1년에 한 개 정도면 족하다고 본다. 여러 개 많이 하는 것보다 하나를 제대로 하는 것이 더 중요하다. 기왕 보고서를 여러 개 작성할 것이라면 다양한 주제로 가볍게 접근하는 것도 나쁘지 않다. 어느 입학사정관이 이렇게 말했다.

"솔직히 고등학생에게 미래 진로를 지금 결정하라는 것은 너무 가혹하지 않나요? 생기부에는 그저 계열적합성, 즉 문과/이과 적합성 정도만 나타나면 된다고 생각합니다."

필자는 이 말에 동의한다. 과세특을 위해 보고서 발표를 한다면, 다양한 분야에 대한 학생다운 관심과 호기심을 보여 주는 것도 좋다고 생각한다. 이는 뒤에서 이야기할 지원 전략과도 밀접한 연관을 갖는다.

지도교사가 과세특에서 가장 신경 쓰는 것은 수업 태도다. 개인적으로 종합전형이 가져온 학교 현장의 가장 긍정적 변화를 꼽는다면 참여수업의 활성화다. 수능 중심 입시 시절에는 상상도 하기 어려웠던 발표수업, 조별 토론, 체험형 수업이 엄청나게 활성화되었다. 수능에 전적으로 의존하던 시절, 많은 학생들이 학교 수업 시간에는 자고 저녁 학원 수업에 열중했다. 수능에서 선택하는 학생이 적은 한국사 수업 시간에는 절반 이상의 학생이 자기도 했다. 필자가 재미있고 감동적인 강의에 특화된 이유도 수능에서 한국사를 선택한 학생이 적어 웬만해서는 아이들이 수업을 듣지 않고 자거나 몰래 다른 과목 공부를 했기 때문이다.[*]

지금은 다르다. 수업을 열심히 듣고 관심 있는 내용이 있으면 질문하고, 참여수업에는 모두 적극적이다. 특히 과거와 다른 점은 상위권 학생들의 참여도가 두드러지게 높아졌다는 것이다. 수능 중심 시절에는 오히려 상위권 아이들 참여도가 떨어졌다. 발표수업을 하면 공부에 방해된다고 학부모들이 학교에 항의하기도 했다. 이제는 그런 일이 없다. 다만 종합전형을 위한 발표와 참여수업이 되다 보니 하위권 학생들의 참여도가 떨어졌다. 참교육도 입시에 적용되면 더 이상 '참'교육이 안 되는 모양이다.

수업 열심히 참여하는 아이에게 가장 유리해

요즘 과세특에서 강조되는 것이 수행평가다. 과거 모든 내신은 시험, 곧 지필고사였다. 보통 객관식 70퍼센트, (한두 개 단어로 답하는) 단답형 주관식 30퍼센트였다. 반면 요즘은 객관식 50퍼센트, 주관식 단답형 및 서술형 30퍼센트, 수행평가 20퍼센트 정도로 구성된다. 특히

---

[*] 한국사가 수능 선택과목이던 시절, 전국적으로 한국사를 선택한 학생은 3만 명 전후였다. '사회문화'와 '한국지리'가 15만 명 이상이었는데 말이다. 본교의 경우는 더 참담해서 전교에 10여 명이었다. 서울대는 한국사가 필수과목이어서 담임들이 중위권 학생들의 한국사 선택을 만류했기 때문이다.

진보 교육감이 들어선 이후 수행평가 압력이 엄청 강화되었다.

학부모들은 수행평가를 믿지 않는다. 한국 사회는 '주관식'을 인정하지 않는다. 교육이론상 주관식은 말 그대로 교사가 '주관적'으로 평가하는 것인데, 공교육의 모든 내신 관련 평가 지침은 '객관적'으로 하라고 되어 있다. 아이들의 과제 수행을 '객관적'으로 평가하라는 것은 이론상 모순이다. 그 모순을 누구보다 학부모들이 잘 알고 있다. 그래서 현장에서는 수행평가 점수를 최대한 비슷하게 준다. 20점 만점이면 대개 19점 아니면 20점이다. 아니면 아주 단순한 채점 기준을 만든다. 과제를 여러 개 주어서 모두 제출하면 만점, 하나씩 안 할 때마다 1점 혹은 2점 감점이다. 아들 둔 학부모들이 가장 미칠 때가 이런 경우다. 아이는 신경 안 쓰고, 챙길 것이 너무 많아서 엄마들은 자꾸 놓치고….

학부모 항의가 들어오면 교육청은 또 지침을 내린다. '과제 제출형 수행평가를 하지 마라.' 그러면 쪽지시험을 본다. 다시 지침이 내려온다. '시험 방식 수행평가를 하지 마라.' 그러면 보고서 발표를 시킨다. 다시 또 지침이 내려온다. '발표식 수행평가를 하지 마라.' 그러면 전부 만점을 준다. 또 지침이 내려온다. '점수를 차등 있게 주어라.' 교사들로서는 험난한(?) 과정이지만, 어쨌듯 학생들이 과제를 수행했으므로 그 내용은 과세특에 들어간다. 내신 성적에 포함되는 과제이므로 모든 학생이 다 참여했고, 나름 성의껏 하기 때문에 가장 보편적으로 써 줄 수 있는 항목이 과세특이다.

ㅅ고 역사 교사의 1년은 이렇다고 한다. 3월에 진도를 열심히 나간다. 4월이 되면 책 30여 권을 수레에 싣고 교실에 가서 나누어 준다. 아이들은 각자 한 권씩 가져가서 책을 읽고 독후감을 쓴다. 3월에 진도 나간 내용으로 중간고사를 보고 수행평가로 독후감을 제출한다. 학기말이나 학년말에 학생들은 그동안 읽은 책과 독후감을 종합하여 발표한다. 이 모든 활동이 과세특에 들어간다. 평범한 일반고지만, 1년에 연·고대를 10~20명씩 보내기도 한단다. 이런 것이 진짜 과세특이다. 과세특이야말로 학교 수업 열심히 듣고 열심히 공부하는 아이들에게 가장 유리한 평가 항목이다. 보고서로 아무리 메워 봐야 부질없다.

종합전형에 대한 반발이 심한데, 교육 현장에서는 특히 과세특과 관련해서 정말 반발이 크다. 우선 진도 개념이 많이 사라졌다. 교사는 기본적인 내용을 가르친 후 활동 및 과제 중심 수업을 한다. 당연히 정시로 진학하려는 학생들은 사교육에 의존하게 된다. 또 교사가 그 많은 수행평가, 수업 활동 내용들을 정리하고 과세특을 작성하려면 업무량이 엄청나게 많아진다. 학생 수가 줄었다 해도 학급과 교사도 같이 감축되는 상황이라 감당하기 어려운 수준의 업무량이다. 나이 많은 교사들은 이런 변화를 따라잡기 더욱 힘들다. 물론 교육 당국에서 이런 어려움에 대한 배려는 없다. 결국 교사들은 행정직 진출을 선호한다.

종합전형은 학교에 엄청난 변화를 가져왔다. 그동안의 변화는 종합전형이 없어지면 모두 사라질 것이다. 모든 동아리의 영화감상반화, 모든 수업의 자습화, 강제 야간자습, 강제 보충수업…. 그러나 현재 종합전형은 교사가 감당하기 너무 어렵고 힘들게 발전하고 있는 것도 사실이다.

07
도서목록은 사기 아닌가?

종합전형에서 가장 사기성이 농후한 생기부 항목으로 지목당하는 것이 독서활동이다. 읽지도 않은 책을 읽었다고 생기부에 올리는 일이 있었기 때문이다. 다행히 생기부 독서 항목은 책 제목과 저자 이름만 올리는 것으로 바뀌었다. 그러다 보니 독서의 비중이 떨어진 것으로 생각하는 경우가 있는데, 그렇지 않다. 독서는 여전히 큰 비중을 차지하는 항목이다.

독서의 비중은 줄지 않았다　　　면접 준비를 하던 학생이 필자에게 와서 걱정스런 얼굴로 물었다.

"쌤, 면접관이 이 책을 물어볼까요?"

"왜? 안 읽었어?"

"읽었죠. 문제는 1학년 때 읽어서 기억이 잘 안 나요. 면접을 위해 이 책들을 전부 다시 읽어야 할까요?"

"다시 읽는다기보다 읽었던 책이라면 간단히 훑어보면 기억나지 않겠어? 어차피 책을 외울 것을 요구하는 게 아니라 왜 읽었고 어떤 의미인지 물어볼 거 아냐."

이런 일도 있었다. 학교에서 1차 합격한 학생들을 대상으로 모의면접을 하면서 한 학생에게 생기부에 기재되어 있는 책 한 권의 내용을 물어보았는데 아주 대답을 잘했다. 그런데 모의면접이 끝난 후 학생이 찾아와서 물었다.

"쌤, 이 책 왜 물어보신 거예요?"

"응. 다른 애들 생기부에도 이 책이 있더라구. 이 책 왜 읽은 거지?"

"소논문 준비할 때 참가했던 학생 전체한테 제시된 책이에요. 지도 선생님이 읽으라고 해서 읽은 거예요."

"그런 것 같더라. 공통으로 읽은 책이 여러 권 있더라구. 그중에서 그래도 수준 있고 기왕 읽은 것 잘 이해했으면 싶은 책이 그 책이었어. 네가 대답을 잘해서 다행이야."

며칠 뒤 그 학생 담임이 내게 와서 말했다.

"선생님이 어제 물어본 그 책을 면접관이 물어보더래요."

분량 늘리기에 악용된 폐단　　과거 독서활동 기재는 생기부의 대표적 폐단이었다. 책을 읽은 것은 아이인데 그 책을 읽고 느낀 점을 교사가 써야 했기 때문이다. 생기부 작성 요령에 "쓰는 주체가 학생이 아니라 교사여야 한다"고 명시되어 있었다. 어차피 애들이 읽은 책 내용을 쓰는 것인데, 도대체 왜 아이들이 쓴 소감을 싣지 말라고 하는 것일까? 그야말로 소설 아닌가? 게다가 책 한 권마다 일일이 내용과 소감을 써야 하니 분량 늘리기 가장 좋은 항목이었다. 동아리 활동이 네다섯 줄인데 책 한 권 내용을 서너 줄 쓰는 경우가 일반적이었다. 독서만으로 간단히 서너 장의 생기부를 채울 수 있었다. 게다가 교사 입장에서 아이가 제출한 감상문이 인터넷에서 퍼 온 것인지 진짜 읽은 것인지 확인할 방법이 없다. 왜냐하면 교사는 그 책을 읽지 않았으니까! 학생들이 들고 오는 그 다양한 책을 교사가 무슨 수로 다 읽어 본단 말인가? 아주 황당한 실수가 아닌 한 잡아 낼 방법이 없다. 그 실수란 이런 것이다.

한 학생이 《향수》란 책을 읽고 소감문을 써서 제출하였다. 좋은 향수를 만들기 위한 장인의 노력을 담은 책이라는 설명이었다. 당시 《향수》란 책을 읽지 않았던 필자가 보기에는 소감이 너무 희한했다. 그래서 물었다.

"이 향수가 좋은 냄새 나는 향수냐, 아니면 고향을 그리워하는 향수냐?"

"냄새 나는 향수일 걸요?"

"너 안 읽었지?"

"…"

"생기부에 안 올린다."

"예."

사실 향기 나는 향수가 맞다. 얼마 후 그 소설을 원작으로 만든 영화를 보며 그때 생각이 떠올라 한참을 웃었다. 넘겨짚은 선생이나, 거기에 넘어간 학생이나…. 사실 학생이 책을 안 읽은 것은 아니었고, 건성으로 읽어서 내용을 잘 이해하지 못한 것이었다.

이러한 폐단은 몇 년 전에 시정되었다. 읽은 책의 제목과 저자만 기록하는 것으로 바뀌어 교사는 더 이상 소설을 쓰지 않아도 되고 분량 늘리기에 악용될 소지도 없어졌다. 30~40장 되던 생기부가 20장 내외로 준 일등공신 중 하나가 독서 기재사항 변경이었다.

독서목록만 봐도 안다　　　하지만 독서는 여전히 종합전형에서 위력을 갖는다. 교사들 사이에서도 독서가 얼마나 비중이 있는지를 두고 논쟁을 벌이곤 하는데 필자는 상당히 강조하는 입장이다.

경영·경제학과를 지망하는 학생의 생기부를 훑어보았는데 독서 항목에 《자본론》이 있었다.

"네가 정말 《자본론》을 읽었어?"

"예. 요즘 다양한 《자본론》 관련 책들이 나오고, 경영·경제학과를 지망하는 학생 필독서라고들 하던데요."

"네가 《자본론》을 이해할 수준이 안 될 텐데?"

"그렇긴 한데요. 고등학생을 위한 쉬운 《자본론》이 요즘 많이 나와요."

다른 학생의 생기부 독서 항목에는 《총균쇠》가 있었다. 당시 인문학 분야에서 최고로 인기 있는 책이었다.

"와, 《총균쇠》를 읽었어? 설명해 봐."

"쌤, 읽기는 읽었는데 정말 어려워요. 한 부분을 지목하고 무슨 뜻이냐고 물으면 대답하겠는데, 전체적으로 무슨 의미냐고 물으면 모르겠어요."

"그렇겠지. 요즘 고교생들 개나 소나 《총균쇠》 읽지만 솔직히 나도 잘 모르겠던데."

그런데 그 학생이 모의면접 대회에 참가했다가 면접관이 《총균쇠》를 물어보는 바람에 멘붕에 빠졌다. 그 아이는 《총균쇠》 울렁증으로 1년 동안 고생했다.

필자의 경험을 종합해 볼 때, 면접관 입장에서 학생에게 확인하고 싶은 책들이 있다고 본다. 한때 경영·경제 분야는 《자본론》, 인문학은 《총균쇠》, 사회학은 《지대넓얕》이 유행이었다. 종합전형을 지도하며 생기부 독서란에 기재된 책 제목을 훑어보면 '애는 별로 호기심이 없나봐. 권장도서만 읽었네?' 싶은 경우도 있는 반면, '어, 이 책은 전공자의 도움이 없으면 선택하기 어려운 책인데…' 하는 생각이 들기도 한다. 한 마디로 책 선택, 곧 도서목록만으로도 그 학생의 수준을 가늠할 수 있는 것이다.

지인의 아들이 서울대 경제학과에 입학했다. 그 학생의 생기부 독서란을 볼 기회가 있었는데 마치 화려한 불꽃놀이를 보는 것 같았다. 비결은 그 학생이 경제학 마니아였기 때문이다. 경제학 관련 책이 소설처럼 재미있어서 주말이면 교보문고 경제 코너에 가서 몇 시간이고 읽었다고 했다. 그중 본인이 엄선한 책들만 생기부에 올렸으니 목록이 화려할 수밖에 없다. 그 학생은 현재 서울대 경제학과 대학원에서 공부하고 있다.

국영수 교사들과 사회·과학 과목 교사들이 생기부 지도하면서 차이가 나는 부분이 독서다. 역사 교사는 아무래도 역사 마니아(일명 덕후)이다 보니 청소년기 역사 덕후들이 어떤 책을 읽는지 대충 알고 있다. 필자도 고등학생 때《삼국사기》완역본을 읽었고 삼국시대 왕들의 계보를 연도까지 전부 외우고 있었다.《환단고기》,《조선상고사》는 기본으로 알고 웬만한 고대사 논쟁도 섭렵했다. 그래서 사학과 지망하는 학생의 생기부 독서란만 보면 대충 감을 잡을 수 있다. 종종 자기가 역사를 좋아한다고 착각하는 학생들이 있는데, 실제로는 역사를 좋아하는 것이 아니라 이야기를 좋아하는 경우가 있다. 이야기를 좋아하는 아이들은 국문과나 문예창작과, 콘텐츠학과 등을 선택하는 것이 바람직하지 사학과는 적합하지 않다. 덕후 시절을 보냈던 사람들은 독서목록만 봐도 사학과 갈 아이와 콘텐츠학과 갈 아이를 구분할 수 있다.

종합전형 입시를 지도하다 보면 정말 여러 분야의 덕후들을 만날 수 있다. 일본어, 역사, 디자인, 의류, 조립, 동물, 전기… 등 정말 관련 전공 학과에 입학시키고 싶은 아이들이다. 그런 아이들은 읽은 책 목록이 확연히 다르다. 그런데 좋아하는 분야의 책들을 너무 열심히 읽다 보니 성적이 좋지 않다. 내신도 낮고 수능은 더군다나 낮다. 400점 만점인 수능에서 그런 아이가 자신 있게 치를 수 있는 과목은 탐구 1과목 50점뿐이다. 그래서 덕후는 덕후일 뿐인가….

독서는 전공적합성 및 진로 희망과 관련된 매우 중요한 항목이다. 개인적으로는 생기부 항목 다 없애고 출결, 내신, 독서 세 가지만 남겼으면 좋겠다고 생각한다. 그리고 독서는 가능하면 폭넓고 다양하게 읽었으면 한다. 소설부터 이과 책 문과 책 모두 포함하여. 개인적으로 필자는 '미술관에 간 화학자' 같은 류의 책을 좋아한다. 지금은 계열 융합 시대다. 과세특이나 봉사활동 등이 과도하게 전공적합성을 강조하다 보니 3학년 때 진로를 바꾸는 학생은 종합전형 자체를 포기해야 할 상황에 몰리곤 하는데, 독서는 그런 상황에서 유일한 탈출구가 될 수 있다.

〈스카이 캐슬〉이라는 드라마가 큰 인기를 끌면서 입시 코디가 화제가 되었다. 하지만 현실에서 입시 코디란 존재할 수 없다. 단지 코디가 필요하다면 바로 독서 코디가 아닐까 싶다.* 자기 희망

---

* 학원에서 독서 컨설팅을 한다고 들었다. 그러나 학생이 소화할 수 있는 수준의 책이

진로에 걸맞는 고교생이 읽을 수 있고 소화 가능한 독서목록. 그런 것을 누군가 제시해 주면 필자도 땡큐다.

라기보다 '이런 전공에는 이런 책이 좋다' 수준인 것으로 알고 있다. 아무 생각 없이 생기부에 올렸다가 면접 때 걸리면 불합격이다.

진로 희망은 일관된 것이 좋을까?

그렇지 않다. 입학사정관들이 학교설명회에 와서 늘 이야기하는 것 중 하나가 '열려 있는 진로'다. 청소년기 아이들은 아침 다르고 저녁 다르다고 할 정도로 생각이 복잡하고 변덕이 심한데 3년 동안 꾸준히 한 진로만 판다는 것이 현실적인가? 진로가 바뀌는 것이 당연하다.

의대와 인기학과는? 그래서 생기부의 진로 희망 특기사항을 기록할 때 권장하는 것이, 최대한 진로 희망을 폭넓게 쓸 것. 그리고 진로가 변경됐으면 변경된 이유를 써 줄 것이다. 예컨대 신문방송학과 진학을 희망한다면 '언론 관련 전문직', 영문학과를 희망한다면 '어학 계열 전문직'이라고 쓰는 것이다. 그러면 전자의 경우 콘텐츠, 광고, 심리, 사회학 등으로 지원 폭을 넓힐 수 있고, 후자는 국문과를 비롯한 다양한 외국어 학과와 관광, 무역, 외교 등까지도 지원 가능하다.

생기부 진로 희망에 3년 동안 모두 생명 관련 학과라고 기재한 학생이 있었다. 의대 지망 학생으로 보였다. 그런데 본인은 교대에 원서를 쓰고 싶어 했다.

"왜 교대를 지원했는지 물어보면 어떻게 하죠?"

"그러게. 왜 교대야?"

"의사와 초등교사 모두 꿈인데, 부모님은 의사를 원했어요. 그냥 부모님 뜻을 따랐죠. 그런데 지금 성적으로 의대는 아무래도 안 될 것 같아요. 의대 가려고 재수하고 싶지도 않아요. 생명공학과는 제가 원하는 진로가 아니고요. 어떻게 하죠?"

"생기부 진로 희망 특기사항에 왜 교대로 변경했는지 쓰고, 면접에서 물어보면 솔직히 말해. 둘 다 하고 싶었는데, 원서 접수 때 최종적으로 교대 선택했다고. 그럼 무슨 말인지 알아들을걸? 교대는 대개 문과 학생들이 지원하니까 너처럼 우수한 이과 학생이 지원하면 그쪽도 좋아할 거야. 그런데 잘 생각해라. 솔직히 요즘 초등교사는 3D업종이다."

"알아요. 하지만 정말 초등교사가 하고 싶었어요."

그 학생은 결국 원하는 교대에 진학했다. 그런데 학부모들 사이에는 3년 동안 진로 희망이 바뀌지 않는 것이 좋고, 진로 희망도 구체적일수록 좋다는 말들이 돌고 있다. 왜? 인기학과 때문이다. 대표적으로 문과의 경영학과, 이과의 의대는 워낙 경쟁률이 높고 우수한 학생들이 몰리기 때문에 일반적인 생기부로는 변별력이 나오지 않는다. 그러니 진로 희망도 구체적으로 일관되게 작성하려 하는 것이다. 의대의 경우를 보자.

1학년 첫 모의고사에서 400점 만점을 받고, 첫 중간고사에서 1.0, 즉 전과목 1등급을 받은 학생이 있었다. 진로 상담할 때 이과를 선택하겠다고 했고, 집에서는 의대 진학을 원한다고 했다. 어머니도 학교에 방문하여 의대 진학에 대한 강한 의지를 밝혔다. 본인과 부모의 의사가 확고한 이상 다른 생각을 할 이유가 없었다. 지인 중 서울대 입학에 정통한 사람에게 문의했다. 서울대 의대 가는 방법은?

"내신으로는 합격 여부를 알 수 없어요. 전국 전교 1등이 모두 모이잖아요. 전국 고등학교가 1천 개가 넘는데, 이 중 서울대 의대는 수시 전형으로 1백여 명을 뽑아요. 전교 1등 사이에서도 10대 1의 경쟁률을 뚫어야 해요. 그러니 내신이 1.0(3년 전과목 1등급)이라 해도 꼭 붙는다고 장담할 수 없어요."

"그러면 전교 2등은 무조건 떨어지나요?"

"같은 학교에서 전교 1등과 전교 2등이 같이 지원하면 아무래도 2등이 떨어질 가능성이 많죠. 모든 지원자가 사실상 차이가 없는 곳이 의대인데, 같은 학교 1등과 2등은 차이가 눈에 보이는 거잖아요."

"전교 1등은 지역균형선발 전형으로 지원하고, 2등은 일반전형으로 지원하면 어떨까요?"

"마찬가지일걸요. 어느 전형이든 결국 같은 입학사정관이 볼 테니까."

"그럼 어떻게 하죠?"

"무조건 다 좋아야 해요. 철저하게 상대적인 것이 서울대 의대라고 생각하셔야 해요. 전국 이과 수험생 25만 명 중 최고 수준의 1백 명을 뽑는 거니까, 그 경쟁을 한번 생각해 보세요. 저희도 직접 보기 전까지는 어떤 애가 된다 안 된다 말할 수가 없어요. 그해 지원자 풀 속에서 상대평가해서 뽑는 거니까요."

그래서 결론은 진로 희망도 흠잡을 데 없이 최고여야 하는 것이다. 3년 동안 꾸준하고 구체적이어야 한다. 3년 내내 의사라고 쓰는 것은 당연하고, 나아가 어떤 진료과목, 산부인과냐 내과냐 성형외과냐까지 구체적으로 써야 한다는 조언이었다.

뒤에 듣기로 그 학생은 의대에 대한 중압감으로 많이 울었다고 하는데 아무튼 의대에 진학했다. 지금도 그때 희망 진료과목 정하려고 상담했던 것이 기억이 난다. 다른 아이들은 구체적으로 쓰지 못하게 하면서 그 학생은 더 더 구체적으로 쓰게 하려고 했다.

추상적으로 쓰고 바꾸어도 된다 ● ● ● ● ● ● ● ● ● ● ● ● ● ● 종합전형 입시를 지도하면서 가장 곤혹스러울 때가 인기학과, 혹은 소위 덕후가 몰리는 학과에 도전하는 학생이다. 의예과, 경영학과, 심리학과, 문화콘텐츠학과, 그 외 사학과와 철학과, 기계학과 등은 합격자를 내기 어렵다. 경희대 정치외교학과가 하도 힘들어서 왜 이렇게 힘드냐고 물었더니 고교 학생회장들이 많이 지원해서 그렇단다. 사학과는 덕후들이 너무 많이 와서 덕후를 걸러 내는 학교가 있다는 소문도 돌았다.

일명 인기학과들은 우수한 학생들이 몰리기 때문에 변별이 쉽지 않고, 그러다 보니 학생과 교사들 사이에 신경전이 오간다. 교사는 만약을 대비해 진로 희망을 추상적으로 기록해서 3학년 때 다른 과로 지원을 유도하려 하고, 본인은 꼭 그 과에 도전하고자 구체적으로 쓰려고 한다. 해마다 인기학과에 도전했다가 종합전형에 전부 떨어지고 수능도 망쳐서 재수를 결심하는 학생들이 많다. 인기학과만 원하면 그나마 나을 텐데, 명문대 인기학과에 도전하니 더더욱 어렵다.

"고려대 사회복지 쓸래, 중앙대 사회학과 쓸래."

"고려대, 성균관대 사회학과 쓸 거예요. 왜 그러세요?"

그러고는 10월 1차 합격 발표 때 다 떨어지고 상심해서, 혹은 불안감과 설렘에 수능까지 망치는 애들을 한두 명 본 것이 아니다. 인기학과와 명문대 둘 모두를 만족시키기 어려우니 담임은 항상 진로 희망과의 전쟁을 계속한다.

부모들은 명문대 인기학과에 아이들이 진학하기를 희망한다. 상대적으로 학교에서는 일단 대학에 보내는 것이 목표다. 서로 간의 입장 차이로 많이 충돌한다. 부모나 학생은 재수하면 지금보다 상황이 나아질 거라고 기대하지만, 경험상 재수해서 더 나빠질 확률이 거의 50퍼센트다. 지금 진학하면 서울 소재 4년제 대학이라도 가지만, 재수해서 수능 망쳐 지방대 갈 상황이 되면 정말 황당해지는 것이다. 2018년도에 국어 때문에 삼수해야 한다는 재수생이 얼마나 많았는가.

요즘 필자는 비교적 마음 편하게 고3 담임 생활을 하고 있다. 합격 여부에 어느 정도 초연해진 덕분이다. 이제는 보내도 욕먹고 못 보내도 욕먹는 세상이다. 그럴 거면 바라는 대로 지도하는 것이 순리라고 생각한다. 그럼에도 불구하고 과정에서만큼은 최대한 기회를 넓히려는 것이 교사의 마음이다.

진로 희망? 정답은 '추상적으로 쓰고 바꾸어도 된다'이다. 하지만 세상은 정답대로 되는 것은 아니다.

09
종합의견에 부정적인 내용이 있으면 불이익이 있나?

원래는 있어야 한다. 대학 측에서도 종합의견은 담임의 객관적 평가로서 비중 있게 다룬다는 말을 종종 했다. 하지만 오히려 그렇기에 객관적으로, 더군다나 부정적인 내용은 쓸 수 없는 입장이 되어버렸다. 종합의견은 원래 학생에게 공개되지 않는 영역이지만 교육행정서비스인 나이스NEIS 학부모서비스에는 공개된다. 부정적 표현이 들어갈 경우 항의전화는 물론이고 민사소송이나 행정소송이 들어오기도 한다. 특히 민사소송의 경우 학생이 졸업한 뒤에 들어오기도 해서 교사들이 크게 위축되어 있다. 물론 이런 교권 침해에 대해 교육부나 교육청은 방관만 하고 있는 실정이다.

아무리 좋게 써줘도　　　예전에는 이런 문제 때문에 종합의견에 암호 같은 표현이 나오곤 했다. 예를 들어 소극적인 아이는 "신중한 성격", 지각을 자주 하면 "여유 있는 행동", 공부 안 하고 놀러 다니면 "사교적인 성격", 학교 수업에 불성실하고 사교육에 의존하면 "학업에 대한 가정적 배려가 좋음" 따위였다. 그러나 요즘은 이런 암호들을 학부모들이 알아서 또 항의하기 때문에 이런 표현도 가능한 쓰지 않게 되었다.

그러다 보니 종합의견은 팩트 중심으로 쓰게 되었다. 즉, 생기부에 기록된 활동을 적당히 요약해서 옮겨 적는 것이다. 동아리에서 이러한 활동을 했고, 수업 시간에 이러한 발표를 하였으며… 식으로. 대학 측에서 읽기 쉽게 〈봉사활동〉 〈학업활동〉 등의 목차를 달아 써 주기도 했다. 담임들은 종합의견 작성을 대학 입학사정관을 위한 생기부 요약 작업이라고 자조하기도 했다.

그러자 교육부에서 종합의견에 생기부 활동을 옮겨 적지 말고 학생들을 상담하고 관찰한 내용들 중심으로 적으라고 지침이 내려왔다. 흥! 보호해 주지도 못하면서 참견은…. 그래서 활동을 에둘러 적어 주다가 그것도 못할 짓이어서 좋게 좋게 써 주게 되었다. 그런데 아무리 좋게 써 줘도 항의는 계속 들어오기 마련이다. 이쪽은 선의인데 학부모가 악의로 받아들이면 말짱 도로아미타불이다. 어느 수학 교사는 "이과 교사에게 종합의견 작성은 고문이야!"라고 비명을 지르기도 했다.

그래서 지금은 담임의 개인 역량에 따라 다양한 종합의견이 나오게 되었다. 아무튼 부정적 의견은 쓰지 않는 것을 원칙으로 하되, "팩트만 적을 것이므로 종합의견 정정을 요구할 경우 그 사실까지 기록하겠다"고 엄포를 놓기도 한다. 학생과 상담하면서 종합의견에 적고 싶은 말을 물어보기도 하고, 그냥 생기부 활동을 토대로 대략 요약해서 써 주기도 한다. 필자는 2학년 담임할 때 대학 추천서 양식에 맞춰 추천서 쓰듯 작성하기도 했다.

평가권이 보장되지 않는 상황에서 교사의 평가가 교사 자신을 위협하는 칼이 되는 것이 현실이다. 종합의견은 과거에도 앞으로도 계속 대학 입시의 포로로서 추상적인 형식적 작문으로 남을 것이다.

학교폭력 같은 치명적인 내용만 없으면 ...... 종합의견의 정확한 명칭은 '행동발달 종합사항'으로, 학생이 1년 동안 학교에서 학업과 활동을 하면서 어떤 변화가 있었는지를 기록하는 것이다. 그래서 종합의견은 정형성 없이 교육하고 지도하면서 느낀 내용을 솔직히 평가하고 쓰는 것이 원칙이다. 학생이 단점을 지적받았는데 고치지 않고 더군다나 노력조차 하지 않으면 낮은 평가를 받아야 한다.

교사 입장에서 정말 마음에 들지 않는 아이들이 있다. 가령 꼭 5분 지각하는 아이가 있다. 본교는 생기부 기준 지각 시간은 8시 정각이지만 수업 준비 등을 위해 보통 7시 50분까지 등교시키는데,

7시 55분에서 58분 사이에 온다. 야외 체험활동처럼 지각 기준 시간이 애매할 때는 꼭 늦게 온다. 그러다 학기말이 되면 슬금슬금 8시 1분, 2분에 온다. 1분 지각을 생기부상 무단지각으로 처리하면 야박하다며 항의하고 너무 정이 없다고 한탄한다. 지각 처리를 하지 않으면 그 다음부터는 8시 2분, 3분에 온다. 친구들도 약속 시간에 항상 늦는 애라고 불평한다. 그러면 너무 정이 없다며 또 친구들을 타박한다. 세상 정이라는 것이 자기 중심으로만 존재하는 아이다. 이런 아이는 정말 종합의견에 써 주고 싶다.

아이들은 미숙하다. 그래서 '미성년자'이고, 보호자가 필요한 것이다. 괜찮다며 뛰어가다가 넘어지면 왜 일으켜 주지 않느냐고 눈을 부라리는 것이 아이다. 넘어질 것 같아 뛰지 못하게 하면 성장하지 못하고, 넘어진 것을 방치하면 영원히 일어서지 못한다. 그러니 넘어질 것을 알면서도 뛰게 하고, 무책임한 줄 알면서도 넘어진 아이를 일으켜 주는 것이 교육이다.

그런 교육적 목적 하에 평가하며 쓰는 것이 종합의견이다. 단점이 결코 나쁜 것이 아니다. 그러나 현실은 그렇지 않다. 사람들이 생기부를 소설이라고 하는 가장 큰 이유가 생기부에는 훌륭한 점만 쓰여 있기 때문이다. '18, 19세에 이렇게 훌륭한 인간들만 학교를 다니는데 왜 나라가 이렇게 어려운 것일까?'라는 생각이 들 정도로…. 단점을 쓰지 못하는 종합의견은 소설이다. 현행 생기부의 종합의견은 대부분 소설이다. 그러니 학부모들은 그렇게 신경 쓰지 않아도 된다.

　단지, 학교폭력 같은 중대한 과실은 반드시 종합의견에 적도록 법제화되어 있다. 소설 같은 종합의견에 그런 내용이 들어가면 아무래도 치명적이다. 그러니 학교폭력에 연루되지 않도록 조심해야 한다.

자기소개서는 학원에서 대필해 준다는데?

결론부터 말하면 엄마들의 희망사항이다. 자기소개서가 학원 대필이 가능하다면 수만 명이 종합전형을 지원하는 요즘 전문학원과 전문강사가 넘쳐날 것이다. 그러나 학원가는 여전히 국영수 학원이나 논술이 중심이고 자소서 전문가는 흔하지 않다.

대필은 티가 난다　사교육 시장에서 자소서 대필이 활성화되지 않는 이유는 간단하다. 학생 본인이 쓰는 것이 훨씬 유리하기 때문이다. 사교육이 번창하는 것은 합격률을 높이기 위해서인데, 자소서 대필이 합격률 상승과 연관된다는 명확한 데이터가 없다. 그러다 보니 학원비를 비싸게 받을 수 없고(통상 건당 30~50만 원 정도) 학원 입장에서는 들이는 공력에 비해 수입이 적으니 동기 부여가 되지 않는다.

자소서 대필과 합격률의 상관관계는 쉽게 알 수 있다. 종합전형을 지원하는 학생의 학부모와 상담할 때 대부분 담임이 자소서 작성을 도와주기를 바란다. 학교에서 운영하는 논술 방과후수업은 참가율이 저조하지만, 자소서 방과후수업은 대상 학생 중 거의 100퍼센트가 신청한다. 자소서만큼은 학교를 더 신뢰하는 것이다.

자소서 대필은 일종의 공문서 위조로 대학 측에서도 적발시 불합격 처리한다고 공언하고 있다. 그런데 학원 대필은 티가 난다. 종종 아이들이 자소서를 들고 와 보여 주는데 필자도 학원 대필 자소서는 금방 잡아낸다. 먼저 어른의 말투, 즉 아이들이 쓰지 않는 표현, 또 공부 많이 한 사람 특유의 세련된 문장으로 잡아낼 수 있다. 이는 학원뿐만 아니라 학부모가 첨삭해 준 경우에도 드러난다. 필자가 자소서에서 학생의 어머니가 손본 몇 군데를 정확히 집어내자 아이가 깜짝 놀라기도 했다.

이런 일도 있었다. 한 아이가 학원에서 대필해 준 자소서와 자신이 쓴 자소서를 두고 갈등에 빠졌다. 수시 원서 6장을 모두 종합전형에 지원하는 아이여서 적당히 섞어서 지원해 보라고 했더니, 정말 그렇게 지원했다. 그런데 대필 자소서로 지원한 학교는 모두 떨어졌고 본인이 쓴 자소서로 지원한 학교는 두 군데가 붙었다. 물론 변수가 많기 때문에 일반화할 수 없지만(학원 대필 자소서로는 상향 지원하는 경우가 많다) 기대만큼의 결과를 얻을 수 없다는 것은 경험 속에서 많이 확인되었다.

그럼에도 학부모들은 학원 대필에 강한 유혹을 느낀다. 이미 대학 입시를 100퍼센트 학생에게 맡긴다는 것은 있을 수 없는 세상이 된 마당에, 종합전형의 핵심이라 할 자소서를 100퍼센트 학생에게 맡긴다는 것이 말이 되겠나. 합격의 욕망에 사로잡힌 학부모는 이런 일을 대신해 줄 누군가를 애타게 찾을 수밖에 없다. 그래서 필자는 자소서를 대필해 주는 학원은 일종의 고객 관리 차원에서 서비스로 하는 것이 아닐까 생각한다. 지푸라기라도 잡고 싶은 학부모에게 매몰차게 안 된다고 할 학원이 얼마나 되겠는가.

자소서 지도 1, 2, 3　자소서는 본인이 쓰는 것이다. 하지만 자소서 작성에 관한 학교의 방침과 태도는 다양하다. 전적으로 학생 본인에게 맡기는 학교도 있고(이런 학교의 학부모들이 학원 대필을 많이 찾는다고 한다), 진로상담부에서 지도하기도 있고, 방과후수업으로 운영하는 경우도 있고, 담임이 지도하는 경우도 있다. 최근 교육청에서 방과후수업 자소서반 운영을 규제한다고 하니 아마도 담당교사가 지도하는 형태가 많아질 것 같다.

학교에서 지도하는 것은 대필이 아닌가? 그동안 학교도 시행착오를 많이 겪었다. 대필해 주다시피 깊이 개입하는 경우도 없지 않았을 것이다. 사실 대필해 주는 것이 훨씬 쉽다. 경험이 풍부한 교사라면 자소서 한 건은 몇 시간이면 써 줄 수 있다. 학원에서 대필해 주는 것도 같은 이유일 것이다. 하지만 최근 몇 년 사이 이런 방식은 일단 물리적으로 불가능해졌다. 종합전형 지원자가 많아져서 일일이 다 지도할 수 없게 되었다. 방과후수업 자소서반을 운영하는 것도 담임 외의 사람에게 지도를 맡기려는 고육책이다.

그럼 자기소개서를 지도한다는 것은 무엇을 어떻게 한다는 것인가? 간단히 말하면, 방향을 수정해 주고 내용에 대해 조언하며 구어체 표현이나 속어체 표현을 지적하는 것이다. 대필과 무엇이 다르냐고 볼 수도 있지만 대필은 아니다. 지도 과정을 구체적으로 이야기해 보겠다.

학생들에게 자소서에 대해 대략 설명하고 써 오라고 하면 대개 함흥차사다. 자소서는 공통 질문 3개와 대학 자율 질문 1개, 총 4개 문항으로 구성되며, 각 문항에 대한 답변 분량이 정해져 있다. 1번 문항 1천 자, 2번 문항 1,500자, 3번 문항 1천 자, 4번 문항 1천~1,500자로 기술해야 한다. 전부 합하면 2백 자 원고지 20~30장 분량인데, 학생들이 처음 써서 가져오는 원고는 각 질문당 2백 자도 채우지 못한다. 그러면 다시 설명하고 고민이 무엇인지 들어 주고 다시 작성해서 오라고 한다. 그 뒤 수정해서 가져온 자소서를 보면 내용이 전부 인간성에 관한 것이다. 자신이 얼마나 착하고 성실한 학생인지에 대한 이야기만 가득하다. 그럼 그 한심한 자소서를 바탕으로 하나씩 지도하기 시작한다. 항목별로 보자.

1번 질문은 "**고등학교 재학 기간 중 학업에 기울인 노력과 학습 경험에 대해, 배우고 느낀 점을 중심으로 기술해 주시기 바랍니다**"이다. 바로 학업 역량을 기술하는 항목이다. 항상 강조하듯 대학은 공부 못하는 애들은 절대 뽑지 않는다. 또 과도하게 사교육에 의존하는 아이들도 원치 않는다. 대학 교육은 사교육이 없으니까. 결국 1번 항목에서 강조될 점은 자기주도학습 능력, 즉 자신이 어떻게 학습을 구조화하고 수업을 충실히 받아 좋은 성적을 거두었는지를 드러내는 것이다.

하지만 현실은 대부분의 아이들이 사교육에 의존하고 있다. 어떤 교사 혹은 강사가 잘 가르치고 성적을 잘 올려 주는지를 놓고 토론하는 것이 지금의 고등학생들이다. 그러니 막상 어떻게 자기 공부를 했는지 쓰라고 하면 막막해한다. 많은 아이들이 1번 문항에서 전공에 대한 관심과 노력을 기술하면서 질문을 비켜 간다. 그러다 보면 종합전형은 사실상 1번에서 결판나는 경우가 많다.

많은 교육전문가들이 드라마 〈스카이 캐슬〉의 비현실성을 지적한다. 아무리 우수한 강사들을 동원하고 입시 코디가 학업 계획을 짜 주어도, 학생이 (스스로 공부하지 않는 한) 받을 수 있는 성적은 수능 3~4등급이 한계다. 드라마처럼 전교권에서 놀지 못한다. 지인이 2년 동안 수학 사교육에만 1억 이상을 쏟아부었는데 겨우 이과 수학 4등급이 한계였다고 한탄했다. 이른바 강남 교육특구 학부모들에게 과목당 1억 이상인 사교육에 대한 불신을 종종 접한

바 있다. 결국 1~2등급 받는 이른바 전교급 학생이 되려면 사교육 +α, 즉 자기주도학습 능력이 반드시 필요하다.•

자소서 2번 질문은 "**고등학교 재학 기간 중 본인이 의미를 두고 노력했던 교내 활동을 배우고 느낀 점을 중심으로 3개 이내로 기술해 주시기 바랍니다**"이다. 1번을 전공적합성으로 채우면서 비켜 간 학생들은 2번부터 인성으로 채우기 시작한다. 그러나 이 질문에서 핵심은 "의미를 두고"라는 표현이다. 전공적합성이나 진로 희망에 관한 내용인 것이다.

학부모들은 자소서에 스토리가 있어야 한다는 말을 많이 한다. 그런데 스토리와 드라마를 혼동하는 경우가 있다. 한 학생이 "유복한 집안에서 태어나 행복하게 살아서 자소서에 쓸 드라마가 없어요"라고 말했다가 교사에게 혼이 났다고 한다. 자소서에 담아야 하는 것은 인생 승리의 드라마가 아니라 성장의 스토리다. '불우한 가정환경에서 힘들게 살아가는 아이가 종합전형 덕에 대박 치고 자기는 역차별당한다'는 식의 생각을 접하면 개인적으로 참을 수 없이 화가 난다.

가장 교과서적인 2번 질문에 대한 내용은 '전공 혹은 진로 선택에 대한 동기—활동의 전개—활동의 심화' 순서로 쓰는 것이다. 흔

• 대학 입시에서 중요한 세 가지가 '할아버지의 재력, 아버지의 무관심, 엄마의 정보력'이라는 말이 있다. 여기서 엄마의 정보력이란 사교육에 대한 정보를 말하는데, 명문대 보내려다 못 보낸 부모들은 그것이 허망한 이야기임을 잘 안다.

한 스토리의 예를 들면, '책을 읽고 이런 부분에 흥미가 생겨서 서브동아리를 만들어 활동했고 소논문을 쓰며 체계적으로 이해하게 되었다'는 식이다. 생기부에 기재된 다양한 활동을 시간순으로 충분히 풀어 쓰면 되는데, 많은 학생들이 실제로는 성적과 사교육에 쫓겨 일관된 활동을 못하기 때문에 소설처럼 쓰는 경우가 많다.

하지만 정말 자소서에서 많이 지적당하는 것은 따로 있다. 3번 항목에서도 많이 저지르는 오류이므로 묶어서 말하겠다. 3번 질문은 **"학교 생활 중 배려, 나눔, 협력, 갈등 관리 등을 실천한 사례를 들고, 그 과정을 통해 배우고 느낀 점을 기술해 주시기 바랍니다"**이다. 인성과 관련된 항목으로, 많은 아이들이 봉사활동 내용으로 채우는 질문이다.

여기서 핵심은 '실천'과 '과정', 즉 활동인데, 대부분의 아이들이 활동은 쓰지 않고 동기만 쓴다. 1천 자의 절반 이상을 왜 그런 활동을 하게 되었는지에 할애하는 것이다. 이는 2번에서도 마찬가지다. 왜 서브동아리를 하고, 왜 책을 읽었고, 왜 소논문 활동을 했는지만 잔뜩 쓰고 책을 읽고 느낀 점, 동아리 활동을 통해 얻은 것, 소논문 활동을 통해 일어난 변화는 극히 추상적인 몇 마디 말로 얼버무린다.

왜 그럴까? 진짜 그런 동기로 한 일이 아니기 때문이다. 아이들이 독서를 하고, 소논문을 쓰고, 동아리 활동을 한 실제 이유는 종합전형에 유리한 스펙을 쌓기 위해서다. 스펙이 곧 목적이다 보니 활동은 불성실하고 얻은 것도 별로 없다. 마치 정치인이 선거 때마다 하는 봉사활동 같은 위선의 장이다. 그런데 아이들은 정치인이 아니지 않은가. 아이들은 순진해서 정치인처럼 세련되게 숨기지 못한다. 자꾸 변명하고 얼버무리다가 결국 자기 입으로 폭로해 버린다. 그 순진함 때문에 교육이 가치가 있는 것이기도 하다.

잊지 말자, 동기─전개─심화

일단 자소서 지도는 1번부터 한다. 지금까지 국영수 과목 공부를 하면서 그나마 학교 수업에 충실하고 스스로의 노력으로 해낸 경험이 무엇인지 찾고 토론한다. 그 과정을 끝내 해내지 못하는 아이들도 있는데, 필자의 경험상 그런 경우 1차 불합격 가능성이 50퍼센트 이상이다. 담임은 자소서 1번과 2번 지도를 통해 대략 당락을 예측할 수 있다. 다만, 서울 중위권 대학을 지원하는 학생들은 처지가 대부분 비슷하므로, 그 아이가 눈높이를 낮추어 지원하고자 하면 1번을 좀 더 쉽게 가기도 한다. 일본어 등의 제2외국어나 탐구과목 중 관심이 많고 좋아하는 과목에 대한 공부 이야기로 풀어 갈 수 있다.

2번은 항상 내용이 부족해서 걱정이다. 자소서 작성 중간 단계가 되면 아이들이 점점 내용을 불려 가서 2천 자가 넘는 경우도 있는데, 그래 봐야 활동 동기를 삭제하면 반 이상이 날아가서 또 미달이다. 2번 항목의 1,500자 채우는 것이 그리 만만치 않다. 또, 아이들은 성장 과정보다 화려한 스펙을 좋아해서 활동 세 가지가 전혀 연결되지 않는 경우도 많다. 과정과 상관 없는데도 꼭 넣어야 한다고 우기는데, 자소서는 본인이 쓰는 것이니 지도교사는 충고할 뿐 간섭하지 않는다. 다만 안타까울 뿐이다.

3번은 특히 소설이 많다. 요즘 아이들은 자주 싸워서 갈등을 해결한 것을 많이 쓴다. 임원 경력이 있으면 학급 내 분쟁 조절 이야기가 단골로 등장한다. 가장 흔한 내용을 소개하면 이런 식이다. '체육대회를 준비하다가 아이들 의견이 맞지 않아 갈등이 일어났고 한 사람 한 사람 일일이 설득해서 화해하고 멋진 체육대회를 만들었다.'

"한 사람 한 사람 설득할 때 가장 기억에 남는 애가 누구야?"

"…"

"체육대회 준비면 담임도 신경 많이 썼을 거 아냐? 이 사건을 담임이 알아 몰라?"

"아셨어요."

"담임이 알았으면 어떤 식으로든 개입했을 거 아냐?"

"…"

"솔직히 말해 봐. 이 문제 담임이 해결한 거지? 넌 지켜만 봤고."

"…"

"애들 싸운 거 맨투맨으로 설득해서 해결했다는 이야기, 너무 지겹다. 대한민국 반장은 어째 갈등 해결이 다 똑같니?"

결국 아이도 웃고 나도 웃고… 갈등 해결이 그렇게 쉽고 흔한 경험이라면 도대체 학교폭력은 왜 근절되지 않는 것인가?

교사가 되고 싶은 아이가 있었는데, 정말 3번에 쓸 것이 없었다. 봉사활동도 저소득층 초등학생 교육 봉사라서 이미 2번에 담았다. 그래서 3번은 정말 솔직하게 쓰기로 했다. 그 아이가 지원한 대학은 모험 지원이라 어차피 모 아니면 도였다. 희망이 교사니까, 진정성으로 승부하자!

2학년 축제 때 학급에서 발표를 하기로 했고 그 책임자가 본인이었다. 축제는 동아리 발표 중심이어서 학급 발표는 담임이 개입하지 않고 관심 있는 학생들만 자율적으로 참여했다. 각자 뚜렷한 생각을 갖고 참여했기 때문에 견해차가 컸고 결국 판이 깨졌다. 축제날 아침, 학생은 두려워졌다. 큰소리쳤는데 아무것도 할 수 없었다. 그래서 시늉이라도 해야겠다고 생각하고 일찍 등교해서 혼자 교실을 꾸미기 시작했다. 그런데 뒤에 등교한 아이들이 하나 둘씩 모여 도와주기 시작했다. 그 학생이 구상했던 아이템을 오히려 다른 아이들이 더 잘 알고 있었다. 결국 문제의 근원은 책임자 본인의 오해와 불신이었다. 발표가 그럭저럭 마무리된 뒤 본인은 너무 부끄러웠다. 의견이 다르다고 해서 목표나 생각까지 다른 것은 아님을 깨달았다.

학생은 자소서에 이 내용을 쓰면서 많이 망설였다. 막상 글로 작성하니 상황이 뭔가 어색해 보이기도 했다. 실패 사례인데 그 속에서 자신의 생각이나 느낀 점을 표현하는 게 쉽지 않았다. 18세 여학생의 그런 마음을 중년 남자 담임이 개입해서 표현해 줄 수도 없다(위의 설명은 어른들의 전형적인 플롯으로 약간 왜곡되었을 수도 있다). 오롯이 그 학생 본인의 몫이었다. 이 자소서가 어떤 고민 속에 쓰여졌는지 어른들이 이해할 수 있을까?

필자는 자소서 지도를 좋아한다. 어른들의 욕망과는 다른, 아이들의 욕망과 순수함과 열정이 마구 뒤섞여 있는 상태를 들여다보고 지도해야 하니 시간도 많이 걸리고 공력도 많이 들어간다. 답답한 부분이 눈에 보여도 직접 개입하지 못하고 상담으로만 해결해야 하므로 정신적으로도 많이 힘들다. 2018년 종합전형 지원 상담 때는 장염까지 겹쳐서 1주일에 3킬로그램이 빠졌다. 퀭한 눈으로 "다이어트에는 수시 상담이 최고지"라며 3학년 담임들끼리 히죽히죽 웃었다. 마구 헝클어진 실타래를 하나로 정리해 주는 느낌이랄까? 하지만 그것도 어느 정도 한계가 있다. 완전히 뒤죽박죽인 2년간의 활동은 누구도 도와줄 수 없다.

추천서는 담임만 쓸 수 있나?

추천서는 담임만 쓰는 것이 아니다. 누구나 추천서를 쓸 수 있다. 일부 학부모들은 학교, 특히 담임이 추천권을 독점하고 있으며 담임의 허락이 없으면 추천서가 포함된 종합전형을 지원할 수 없다고 생각하는데 그렇지 않다. 2020학년도 대입 종합전형의 특징은 종합전형에서 추천서가 많이 폐지되었다는 것이다. 이 때문에 추천서에 대한 부담이 많이 줄었다.

가능하면 고3 담임의 추천서 대학에서 요구하는 추천서의 추천인 관계 항목을 보면 교장, 담임, 교과 교사, 기타 등으로 되어 있다. '기타'에 특별한 기준이 없는 경우가 많으니 학원 강사, 과외 교사, 부모 누구든 가능하다. 그래서 본교에서도 3학년 담임이 아닌 1, 2학년 담임이 추천서를 써 준 사례도 있었다. 다만, 대학 측에서는 3학년 담임이 추천서를 써 주기를 원하는 것 같다. 최근 서울대 미대를 지원하는 학생이 있었는데, 과거 미대 추천서에 학생의 미술적 능력을 기술하는 경우가 많아 고민이 됐다. 그래서 서울대 입학처에 미술에 대해 모르는 필자보다 본교 미술 교사가 지도한 경험을 쓰는 것이 좋지 않겠느냐고 문의했더니, 담임이 써 주는 것이 좋으며 미술적 역량에 부담 갖지 말고 일반적인 추천서 작성하듯 해 달라는 답변을 받았다. 법적으로 담임이 추천권을 독점할 수 없다. 그러니 다른 사람의 추천서를 받아 지원하고 싶다면 얼마든 지원 가능하다. 다만 담임에게 추천서를 받는 것보다 불리할 가능성은 있다.

추천서와 관련해 가장 인상적인 사례를 소개하겠다. 몇 년 전 어느 담임이 정말 아이가 심각하다고 생각하고 추천서에 낱낱이 썼다. 그런데 그 아이가 합격했다. 이듬해 해당 대학 입학사정관이 학교설명회를 위해 방문했을 때 그 학생이 합격한 이유가 무엇인지 물어보았다.

입학사정관이 대답하기를, 평가 기준에 따라 학생을 사정하고 합불 여부를 판단하는 것일 뿐, 담임의 추천서는 합격/불합격의 기준이 아니라고 대답했다. 간단히 요약하면, '뽑는 주체가 대학이지 담임은 아니지 않느냐, 담임의 판단에 우리가 따를 '이유는 없다.' 이런 뜻이다.

추천서에는 부정적 표현이 들어가도 영향을 미치지 않는다. 과거 모 대학 입학사정관은 "추천서는 플러스만 될 뿐 마이너스는 되지 않으니 부담 없이 써 주세요"라고 말하기도 했다. 오히려 학생의 단점을 지적할 경우 진정성 있는 추천서로 추천서의 신뢰도를 높이는 사례로 평가하기도 한다. 한국은 아직 추천서가 형식적 절차이지만 외국은 입학 및 입사에서 추천서가 큰 영향을 미친다. 그러다 보니 냉정하고 객관적으로 추천서를 작성하는 것으로 인정받은 교사의 추천서는 당락에 영향을 미친다고 한다. 예를 들어 우리나라 모 학교의 원어민 교사는 외국 대학에서 추천서가 훌륭하다고 정평이 나서 유학을 원하는 학생들이 이 교사의 추천서를 받기를 원한다고 한단다.

대학은 '객관적인' 추천서를 원한다 추천서가 부정적인 영향을 미치는 경우는, 추천할 의향이 없는데 학부모의 압력으로 어쩔 수 없이 추천서를 쓰게 되었을 때 교사가 '추천 불가'를 체크하는 경우다. 교사가 추천 불가를 체크했는지는 공개되지 않으므로 교사가 부당한 압력을 받았을 때 쓸 수 있는 방식이다. 필자는 학년 초 학급 학부모설명회 때 이 점을 분명히 말씀드린다. 그러면 학부모들도 대개 이해하고 전공 관련 교과 교사나 1, 2학년 담임에게 부탁하는 것 같다. 필자는 이것이 합리적이라고 생각한다.

모든 종합전형에 추천서가 있는 것은 아니다. 대학 입장에서 추천서가 무용하다고 생각하는 경우도 많다. 경희대는 추천서가 교사 선택 사항인데, 써 주면 감사의 표시로 도넛과 커피를 먹을 수 있는 소정의 상품권을 인터넷으로 보내 주었다. 필자는 수능 당일 고사장에 학생들 응원 나갔다가 얼었던 몸을 그 커피로 녹이곤 했다.

추천서가 무용하다는 이유는 현실적으로 담임들이 학생을 합격시키고자 최대한 장점만 쓰기 때문이다. 대학은 학생에 대한 객관적 평가 자료를 원하는데 노련한 담임 교사가 합격을 목적으로 세련되게 포장해서 글을 쓰면 아무래도 혼란스러워진다. 또 정반대의 경우도 있다. 작년에 썼던 추천서를 다시 그대로 옮겨 쓰는 교사도 있다. 그래서 대학은 추천서의 문장 중복 여부를 검증한다. 결국 교사들은 추천서를 부담으로만 생각하고, 그 불만은 대학을 향하기 때문에 대학 입장에서도 골치 아픈 것이다.

그럼에도 많은 대학이 추천서를 고집한다. 하나는 관성, 즉 익숙한 평가이기 때문이고, 또 하나는 그래도 추천서가 있으면 무분별하게 지원하는 학생을 걸러 낼 수 있다고 믿는 것 같다. 예를 들어 추천서와 자소서가 없는 한양대는 담임과 상담할 필요가 없기 때문에 많은 학생들이 일단 한번 '질러' 보지만, 추천서가 있는 성균관대는 담임도 거쳐야 하고 이런저런 이유로 신중해질 수밖에 없으니까.*

* 지원 학생이 많으면 지원료 수입이 늘어나 대학 측에서는 좋은 것 아닌가라고 생각

마지막으로 학부모에게 당부하고 싶은 것은, 추천서 대필은 제발 하지 말라는 것이다. 아주 소수의 교사가 학부모에게 추천서 대필, 즉 학부모가 추천서를 써 오면 그냥 옮겨 적겠다고 하는 경우가 있다고 하는데, 대다수 교사는 추천서를 아주 귀찮아 하면서도 일종의 교권으로 생각한다. '합격'에 대한 안팎의 압력에 지쳐 버린 소수 교사의 일탈 행동을 전체로 생각하고 교사에게 모욕적인 행동이나 요구를 하지 않기를 바란다.

하는 분들이 있다. 하지만 지원료는 불합격 시 일정 액수가 반환되기 때문에 요즘에는 큰 도움이 되지 않는다. 오히려 채점 및 평가자의 인건비와 심사비 때문에 복잡한 계산을 해야 한다. 모 대학의 경우 인건비를 절감하려고 입학사정관을 소수 채용했다가 종합전형 지원자가 몰려 애를 먹었다고 한다.

면접은 어떻게 준비해야 하나?

필자는 "아버지의 도움이 필요합니다"라고 답하고 싶다. 면접은 취업과 관련이 깊은 입시 전형이다. 필자는 교편을 잡기 전에 1993년 보험회사 영업사원으로 사회생활을 시작했는데, 이때 관리소장과 함께 신입 영업사원 서류심사 및 면접을 진행했던 것이 학교에서 면접 지도할 때 큰 도움이 되었다. 현재 학부모 세대는 아무래도 어머니들보다는 아버지들이 면접 경험이 많다. 아버지들은 회사에 입사할 때 본인이 면접을 보았거나, 회사에서 신입사원을 뽑을 때 면접관을 했거나, 자영업을 하는 경우 알바생이나 직원을 뽑기 위해 면접을 해 본 경험이 많다. 즉, 결론적으로 말하면 취업 면접이나 입시 면접이나 본질은 같다.

사교육 의존도가 높았던 면접

필자는 1998년 처음 교사

생활을 시작할 때 3학년 국사 수업을 맡았다. 갓 부임한 교사들은 대개 비슷한 경험을 할 텐데, 막상 수업을 하려고 하니 교과서 내용의 3분의 2 이상이 대학에서 배우지 않은 것들이었다. 10년 전 고등학교 때 입시 공부한 내용을 토대로 가르쳐야 하는데, 1993년 학력고사 체제가 수능 체제로 개편되면서 출제 경향이 완전히 바뀌어 버렸다. 어찌나 막막하던지. 그때 욕도 엄청 먹었다. 한편으로 열심히 공부하면서, 또 한편으로 새로운 입시 체제 하에서 생존 전략을 고민해야 했다. 마침 서울대가 대입 전형에서 면접을 강조하기 시작했는데, 본교에 면접 대비 교사가 거의 없었다. 이때부터 필자의 면접 지도 역사가 시작되었다.•

필자의 이력을 소개한 이유는, 면접 대비가 학교 입장에서 상당한 부담이라는 것을 말하기 위해서다. 교사는 일차적으로 아이들이 수능 점수를 잘 받을 수 있도록 교과 교사로서 충실해야 하고, 동아리나 비교과 활동 지도도 열심히 해야 한다. 담임이라면 여기에 입시 전략 상담과 자소서 지도를 해 주면 더욱 좋고 추천서도 써야 한다.•• 그러면 면접 지도는?

• 90년대 초까지만 해도 입시에서 면접은 형식이었다. 당락은 학력고사 점수로 결판났고, 면접은 요식행위였다. 현재 학부모 세대는 대입에서 모두 이런 면접을 겪었다.

•• 이는 입시교육 관련 업무만 나열한 것이다. 학생 인성 지도, 체험활동 지도, 학교폭력 대응, 다양한 행정 업무(국회 및 교육청 보고서 작성, 전입학 서류 작성 및 안내 등)에 심지어 졸도한 학생을 위한 응급 상황 대처까지. 정말 할 일이 많다. 이 모든 일을 교사 한 사람이 다 맡아야 한다.

그래서 면접은 자소서 지도와 달리 사교육 의존도가 높고, 사교육의 면접 관련 노하우와 인력도 풍부한 편이다. 2000년대 중반 필자도 사교육의 면접 대비 상황을 체험하고 한동안 면접 지도를 포기하기도 했다.

당시 서울대 면접을 지도하고 있었는데, 면접에서 전공 관련 내용을 교과서 중심으로 물어보고 생기부나 학교 생활에 대해 추가로 질문한다고 알려졌다. 그래서 필자는 주로 생기부 면접을 지도하고, 사회과 교사들이 전공 관련 면접을 지도했다. 그런데 학생이 말하기를 학원에서 마르크스와 《자본론》 관련 강의를 한다는 것이었다. '뜬금없이 왠 마르크스주의?' 했는데 실제 면접에서 포스트마르크스주의에 관한 질문이 나왔다. 그 즈음 대학에서 진행했던 학술 및 교육 활동에 관해 면접에서 물어보기도 한다는 이야기를 들었다. 그래서 부랴부랴 서울대 홈페이지에 들어가 그해 단과대학에서 추진한 학술 프로젝트를 검색해 보니 마르크스주의의 미래와 전망을 다루는 행사가 있었다.

학원은 이미 그 정보를 입수하고 대비했다는 뜻인데, 일개 학교 교사가 무슨 수로 이런 정보를 얻겠는가? 면접이 정보 싸움인 한 공교육이 사교육을 이길 가능성은 없다. 그래서 깔끔하게 포기했다. 마침 그 무렵부터 이과 3학년 담임을 맡아 면접과 거리를 두게 되었다.

어떤 질문에 대답하지 못했는가 실제로 2000년대에는 면접이 고교 교육과정을 벗어난 내용으로 많이 진행되었다. 어학 계열에서는 영어 면접을 하고 제2외국어는 해당 언어의 회화 능력을 테스트하기도 했다. 이과 면접은 말이 면접이지 수학 시험인데 100분 내에 3문제 중 2문제를 풀면 합격인 경우도 있었다. 보통은 대학 2학년 수준 문제가 많이 나오지만, 의대는 3~4학년 수준의 문제가 나온다고 했다.

하지만 현재는 종합전형이 정착하면서 면접에서 대학 전공 수준의 문제는 출제할 수 없게 되었다. 생기부 및 자소서 내용을 확인하거나 전공에 대한 관심을 물어보는 질문들이 많이 나온다. 그래서 다시 학교에서 대비할 수 있게 되었는데, 그래도 앞에서 언급했듯 절대적인 인력난으로 제대로 준비하지 못하는 학교들이 많다고 알고 있다.

면접을 준비하면서 부모나 학생이 오해하는 것 몇 가지를 살펴보자.

"우리 아이는 말도 또박또박 잘하고 자기 주장도 분명한데 왜 면접에 떨어질까요?"

면접은 말하기 테스트가 아니다. 중요한 것은 면접관이 원하는 대답을 해야 한다. 필자는 학생들에게 이런 비유를 들어 설명한다.

"나는 맛있는 삼겹살이야. 그러면 삼겹살이 왜 맛있는 돼지고기인지 설명해야 하는데 자꾸 등심이 맛있다는 이야기만 하면, 손님이 삼겹살을 선택하겠어?"

대학이 면접에서 확인하고 싶어 하는 것은 두 가지다. 첫째는 '합격하면 우리 대학에 등록할까?' 둘째는 '열심히 공부할 학생인가?' 이다. 그런데 은연중에 다른 대학 다른 과에 마음이 있다는 것을 내비치고, 자신을 뽑아야 할 이유보다 자기가 대학에서 하고 싶은 것만 이야기하는 학생들이 있다. 말 아무리 잘해 봐야 떨어진다.

"내신이나 생기부가 불리한데 면접에서 뒤집을 수 있을까요?"

학교마다 다르지만, 보통 1차 서류심사에서 3배수 정도를 선발한다. 5명을 뽑으면 1차에서 15등 학생까지 통과시키는 것이다. 대학 측은 공개를 꺼려 하지만, 교사들은 그중 25퍼센트 정도는 면접에서 뒤집어진다고 본다. 즉, 서류심사에서 1~5등 학생 중 1명 정도는 탈락한다는 것이다. 물론 서류심사에서 내신 성적이나 생기부가 어떤 평가를 받았는지, 몇 등으로 1차 심사를 통과했는지는 알 수 없다. 그러니 주관적 판단으로 나는 낮은 등수이니 불리하다고 생각하지 말고 끝까지 최선을 다해야 한다. 최근 A대학이 면접을 폐지했는데, 그 이유로 면접을 통해 당락이 뒤집어지지 않기 때문이라고 한다. 반면 B대학은 면접을 계속 유지하고 있는데, 3배수까지도 면접에서 뒤집어진다고 한다.

"면접에서 대답을 제대로 못 하면 떨어지나요?"

당연히 떨어진다고 생각하겠지만 꼭 그런 것도 아니다. 다음 세 학생의 경우를 보자. 첫 학생은 면접관이 건넨 첫 질문에 매우 홀

롱하게 대답했다. 면접관은 더 어려운 질문을 했고, 학생은 겨우 대답했다. 그러자 면접관은 더 어려운 질문을 했고, 결국 학생은 대답하지 못했다. 두 번째 학생은 첫 질문에 평범한 대답을 했다. 면접관은 평이한 질문을 또 했고, 학생의 대답도 평범했다. 세 번째 학생은 서류심사에서 꼴찌를 한 학생이었다. 면접관은 어려운 질문을 했고, 학생은 대답하지 못했다.

합격자는 첫 번째 학생이다. 그러나 면접을 보고 나온 뒤 첫 번째 학생은 제대로 대답하지 못했다고 울상이고, 두 번째 학생은 대답을 잘했다고 득의만면해한다. 세 번째 학생은 당연히 본인의 불합격을 예측했다. 중요한 것은, '어떤 질문'에 대답하지 못했는가이다.

자연스럽게 대답이 나올 때까지　　　마지막으로 면접을 준비하는 학생과 학부모에게 당부하고 싶은 것은 성실함, 그리고 멘탈이다. 우선 면접 전형은 성실하게 준비한 학생이 유리하다. 당연한 말 같지만, 대입 전형이 다양하고 여러 학교에 지원하는 데다 전형 일정도 빡빡해서 막상 면접 준비를 꼼꼼하고 성실하게 준비하는 것이 쉽지 않다. 또한 생기부 내용이 화려하고 많을수록 그만큼 망각의 위험도 높아지는데, 자신이 활동한 내용에 대해 제대로 답하지 못하면 불합격 가능성이 높다. 아직도 면접의 1차 목적은 생기부 위조 여부 확인이다. 1차 합격자 발표 이후 면접까지 1주일, 심지어 이틀 후인 경우도 있으니 미리 대비하지 않으면 안 된다. 종합전형에 올인한 학생과, 종합전형과 정시에 양다리를 걸치는 학생은 합격과 불합격의 가능성에서 차이가 날 수밖에 없다.

다음으로 정신적 압박에 대한 대비가 필요하다. 면접을 준비하면서 정신적으로 심한 압박을 받는 학생들을 종종 본다. 1년에 한두 명 정도는 모의면접 과정에서 응시를 포기하기도 한다. 자신을 오픈하고 자기 능력을 설명하는 것에 거부감을 갖는 학생이 의외로 많다. 가족과 학교에서 항상 배려와 보호만 받았기 때문에 상대가 자신을 검증하려는 태도 자체에 거부감을 느끼는 것이다.

두 가지 사례를 들겠다. 기초생활수급자 특별전형인 기회균등전형(기균) 면접에서는 종종 이런 질문이 나오기도 한다. '실력이 부족한 데도 집안 사정이 어렵다는 이유로 명문대에 도전하는 것 아닌가?' 식의 내용이다. 모의면접을 하면서 대학 내에서 역차별에 대한 불편한 시각이 있어 미리 알려 주는 것뿐이니 차분하게 답하면 된다고 미리 대비시키곤 한다. 하지만 그렇게 준비를 시켰는데도 실제로 그런 질문을 받으면 화를 내거나 울고 나오는 아이들이 있다. 대비한다고 해서 잘 대답할 수준의 질문이 아닌 것이다.*

---

* 최근에는 이런 질문이 거의 사라졌다고 들었지만, 완곡하게 돌려서 묻는 경우도 있다고 한다. 사실 기회균등전형이 역차별이라고 주장하는 이들이 꽤 많다. 같이 공부하다 보면 기회균등전형은 티가 난다는 말을 종종 듣는다. 대학 측의 세심한 배려가 아쉽다.

필자는 담당 학급 아이들이 면접 보기 전날 "선생님이랑 잠깐 모의면접 해 볼까?" 하고 제안하곤 하는데, 싫다고 거절하는 아이들이 있다. 솔직히 이런 아이들은 불안하다. 자신을 오픈하는 것을 두려워하는 경우가 많고, 이런 아이들은 실제 면접에서 심하게 긴장해 준비한 말을 못하고 나오기 때문이다. 담임으로서 가장 흔하게 접하는 면접 불합격 사례다.

필자는 학생들에게 멘탈을 강화하기 위해 세 가지를 주문한다. 자신감을 가질 때까지 답변을 준비하고 말하는 연습을 하라. 준비가 되면 거울을 보고 자신이 면접관이 되어 연습하라. 마지막으로 부모나 형제 앞에서 모의면접을 하라. 자연스레 대답이 나오면 너는 합격이다.

요즘 아이들은 익명성에 익숙하다. 알바를 해도 가면을 쓰고 해야 할 일만 기계적으로 수행할 뿐, 가게 혹은 손님과 대면하는 것을 꺼린다. 취업준비생 부모들은 자녀가 친구들과 잘 어울리고 알바도 곧잘 했으니까 알아서 잘하겠지 생각했다가 이상하게 면접만 가면 떨어지니 전전긍긍한다. 아이들이 자신을 드러내지 않고 주어진 일만 하는 데 익숙해져 나를 오픈하고 설명하는 것을 몹시 힘들어한다는 것을 이해하지 못한다.

입시 면접이나 입사 면접이나 본질은 같다. 면접관에게 왜 나를 뽑아야 하는지를 설득해야 하는 시험이다. 인생에서 처음 을의 처지에 놓인 상황, 특히 고3 수험생으로 집에서나 학교에서 갑으로 살던 아이가 갑작스레 을의 입장에 서게 되면 당황할 수밖에 없다. 이럴 때 "세상이 얼마나 험한지 아니?"라고 다그치면 역효과가 난다. 아이는 이미 세상을 배우고 있기 때문이다.

학부모가
알아 두면
좋은 것

학교 입시설명회 참석해야 하나?

요즘 고등학교에서 개최하는 학부모설명회는 입시전략설명회를 겸한다. 수시는 철저하게 케이스 바이 케이스다. 고등학교마다 수시 지원 학생들의 합불 데이터를 갖고 있고 이것을 통계화해서 합격 확률을 계산하는데, 이 수치가 학교마다 다 다르다. 일반고인가 자사고인가, 명문고인가 아닌가, 지방고인가 서울의 고교인가 등 지역, 문화, 교육 환경 등이 모두 다르기 때문이다.

한 번은 참석하라　　대한민국에서 가장 입시 경쟁이 치열한 지역으로 대구 수성구를 꼽고, 그 다음으로 서울 강남구를 꼽는다. 이런 지역은 내신 경쟁이 치열하고 사교육의 지원도 풍부하게 받는다. 반면 아직도 일부 농촌 지역은 모내기 방학이 있을 정도로 교육 환경이 열악하다. 그런가 하면 한때 비평준화 지역이었던 전남 순천에는 지역 인재들이 몰려드는 명문고가 있었다. 똑같은 자사고여도 서울 자사고는 가장 인기가 높았을 때 중학 내신 평균 15~20퍼센트 정도 학생들이 들어왔지만, 지방 자사고는 상위 3퍼센트 이내 학생만 입학했다. 대학은 전국에서 학생을 모집하니 이런 사정에 훤하지만 고등학교나 학부모는 이런 사정을 잘 모른다.

성적뿐만 아니라 학교의 교육 환경도 다르다. 서울 ㅇ여고는 동아리 활동으로 전국적으로 유명한 학교였고, 부산 ㄴ고는 참여형 수업이 활성화되어 서울대에서 교수가 직접 가서 우수 사례로 연구했다고 한다. 그런가 하면 서울 ㅅ여고는 수시 포기하고 정시로만 대학 보내는 것으로 유명했는데, 최근 내신 비리 파문을 일으켜 의아하기도 했다.

학교마다 교육 환경이 천차만별이니 내신 성적이 같은 학생이라도 출신학교에 따라 평가가 다를 수밖에 없다. 예를 들어 서울대가 제시한 평가 기준 중에 '학교가 역점을 두고 추진한 사업에 학생이 얼마나 참여했는가'라는 것이 있다. 학생이 서울대에 지원하면 해당 고등학교는 학교 소개 포트폴리오를 서울대에 제출하는데, 이 포트폴리오와 학생 경력을 대조해서 평가한다. 예를 들어, 인성을 강조하는 학교에서 봉사상을 중요하게 여긴다면, 이 학생이 봉사상을 수상했는지를 보는 것이다.

이러한 차이로 인해 학교마다 자기 통계에 근거하여 진학 지도를 하며, 그 통계를 학부모설명회에서 공개한다. 많은 학부모들이 담임 상담만 중시하고 학부모설명회 참가를 등한시하는데, 3년 동안 한 번 정도는 참가하는 것이 좋다. 이런 정보는 학원에서 제공해 줄 수 없기 때문이다.

지원 전략의 3단계 일반화할 수 없지만, 고등학교에서 지원 전략을 짜는 대강을 설명하면 이렇다. 종합전형을 기준으로 일단 내신 성적으로 구간을 만든다. 자사고인 본교의 경우 1점대 내신은 서연고, 2.5까지 서성한, 3.0까지 중경외시, 3.5까지 숙건동, 4.0까지 홍국서성으로 잡으며, 전년도 합불 상황에 따라 구간을 조정한다. 그리고 특별전형에 해당하는 구간도 따로 잡는다(대개 일반고는 이보다 1.0 정도 높게 잡는데 학교마다 다르다).

그 다음 이 구간을 넘어선 합격 전례를 잡는다. 연세대 2.2, 고려대 2.8, 서울교대 2.9, 중앙대 3.3, 동국대 3.8, 성신여대 4.5 등이다. 전례에 해당하는 경우는 그 학생의 특이점을 지도교사에게 물어서 그 이유를 분석한다. 그 다음 논술전형에서 구간을 넘어선 합격 전례를 잡는다. 고려대 3.2(고대 논술전형은 없어졌다), 성균관대 3.5, 이화여대 4.2, 동국대 4.9 등이다. 이런 경우는 학생에게 논술 답안지를 받는데, 학생의 기억이 불완전해서 큰 도움이 되지는 않으므로 평소 학생이 어떻게 논술을 준비했는지를 인터뷰한다. 마지막으로 이상하게 합격자가 안 나오는 대학을 점검한다. 해마다 약간 다른데, 본교는 시립대·경희대·건국대에서 고전하곤 했다. 필자는 최근 5년 동안 건국대 종합전형 합격자를 1명도 내지 못했다. 대신 서강대와 숙대에서는 꽤 좋은 성과를 거두었다.

이렇게 배치표 비슷한 것을 만들어 놓고 학생의 내신 성적을 토대로 대상 학교를 선정한 뒤 마지노선을 잡는다. 마지노선이란 그 아래 대학에는 절대 지원하지 않겠다는 선으로, 정시 지원을 위해 남겨 놓는 대학이다. 수시에서 합격하면 정시 지원 자격이 박탈되기 때문에 중요한 기준이다. 그리고 마지노선에서 순차적으로 6개 대학을 올려잡는다. 상향 지원일수록 케이스 바이 케이스로 과거 합격 전례에 따라 지원할 것을 권한다.

부모와 담임이 가장 다른 점은, 부모는 성공 사례만 맹목적으로 좇고, 담임은 실패 사례도 냉정하게 함께 고려한다는 것이다. 예를 들어 모 명문고의 전교 1~2등 하는 학생이 입시 코디의 지원을 받아 서울대에 합격했다는 이야기를 필자도 들었다. 그런데 이 학생이 입시 코디의 지원 덕에 합격한 것인지, 명문고에서 1~2등 할 정도로 원래 뛰어난 학생인지는 확인할 수 없다. 앞에서 언급했듯이, 전교권 학생은 자기주도학습 능력이 원래 뛰어난 학생이기 때문이다.

과거 한 학생이 불리한 내신을 극복하고 연세대에 논술로 합격했다. 그 학생의 학부모가 다른 학부모에게 논술학원을 추천했는데, 그 이야기를 들은 학교는 냉소적이었다. 같은 학원에 다닌 많은 학생들이 논술전형에서 불합격했기 때문이다. 수강생이 엄청나게 많은 이른바 '1타 강사'의 함정도 이와 마찬가지다. 일종의 '로또명당' 같은 것으로, 1타 강사 덕에 그 과목 성적을 잘 받은 것이 아니라, 1타 강사의 수업을 어떻게 소화하느냐에 따라 성적이 좌우되는 것이다.

학부모들은 '누가 어떻게 준비해서 어떤 전형으로 명문대에 합격했다더라' 하는 정보를 소중히 여긴다. 하지만 그 정보에는 수많은 변수가 존재한다. 실제로 똑같이 했는데 다른 결과가 나온 경우가 많다. 담임은 그 변수를 모두 고려해서 입시 전략을 짜려 한다.

정책을 만드는 사람들은 학부모나 학생에게 다양한 기회를 주고자 한다. 그러나 당사자 입장에서는 그 다양한 기회를 모두 준비해야 하기 때문에 죽어날 수밖에 없다. 이론과 현장의 가장 큰 차이가 이것이다. 한국 입시교육의 혼란은, 정책 생산자들이 현장을 너무 과소평가한다는 데 1차적 원인이 있다.

결국 원하는 대학에 아이를 보내려면, 먼저 학교를 잘 알아야 한다.

14

수능 최저는 어떻게 계산하나?

수능 최저는 수시 전형의 학력 미달 문제를 해결하기 위해 도입된 것이다. 교육개혁을 주장하는 이들은 수능을 자격고사화하자고 한다. 절대평가로 일정 점수 이상을 받으면 동일 등급을 주자는 것이다. 그러나 변별력 문제가 제기될 수 있어 이 제안은 비현실적으로 받아들여진다. 다만, 최근 수능 영어가 절대평가로 바뀌면서 큰 흐름은 만들어졌다는 평가도 있는데, 개인적으로 수능 최저도 그와 비슷한 취지에서 도입된 것이 아닐까 생각한다.

반드시 모집요강을 직접 확인하라　　　　수시 전형에서 요구하는 수능 최저 점수는 대개 정시 합격선 바로 한 단계 아래 성적에서 정해진다. 의대 수능 최저가 가장 높아서 2019년 연세대 의대는 3개 영역 1등급 이상이었고, 문과 기준 서울대는 3개 영역 2등급 이상, 연세대는 국·수·탐구(2개) 등급 합 7, 경희대는 2개 영역 등급 합 4…, 이런 식으로 대개 대학 서열에 따라 수능 최저도 낮아지며 하위권 대학으로 갈수록 수능 최저가 없어지는 경향이 있다.

학부모들이 주의해야 하는 것은, **수능 최저 점수는 반드시 모집요 강을 직접 보고 확인해야 한다는 점이다.** 해마다 기준이 달라지는 데 다가 같은 대학이어도 논술전형과 종합전형의 수능 최저 기준이 다르고 문과와 이과가 다르고, 심지어 모집 단위에 따라 다르기 때 문에 담임이 일일이 다 기억할 수 없다. 담임은 대개 수능 최저 점 수를 정리한 책자를 갖고 있어서 이 책자를 바탕으로 상담하는데, 1퍼센트 정도의 오류가 있을 수 있으니 학생과 학부모가 지원 대 학 모집요강을 꼭 확인해야 한다.

수능 최저를 계산할 때, 우선 절대평가인 영어가 들어가는지를 확인해야 한다. 영어를 포함하기도 하고, 영어를 따로 계산하기도 하기 때문이다. 2018년 수능 국어가 어려워서 불수능이라고 난리 가 났지만, 실제 아이들이 큰 타격을 입은 과목은 영어였다. 2017 년 수능에서 영어 1등급이 10퍼센트 이상 나오면서 수능 최저 맞 추기가 쉬웠다. 예를 들어, 수능 최저 기준이 '2개 영역 2등급 이상' 이라 할 때, 영어가 쉽게 출제된 경우 영어 2등급을 받아 놓으면 나머지 국·수·탐구 영역 중 1개 영역만 2등급 이상을 받으면 되니 수능 최저 기준을 충족시킨 아이들이 많았다. 그런데 2018년 수능 에서 영어가 어렵게 출제되면서 많은 아이들이 한 등급씩 떨어졌고, 수능 최저를 못 맞춘 아이들이 대거 등장하면서 엄청난 혼란이 일어났다. 수능 최저만 맞추면 수시에서 무조건 합격이라는 말이 나올 정도였다. 덕분에 본교는 유례 없이 수시 대박을 쳤다. 물론 합격을 기대했다가 수능 최저를 맞추지 못해 면접이나 논술 응시 자체를 포기하는 사례도 속출했다. 필자는 2018년 불수능이라며 국어에만 초점을 맞추는 언론을 보면서 언론이야말로 현 대입 제도에 가장 무지한 집단이 아닌가 하는 생각까지 했다. 현재까지 어렵게 출제된 영어가 수시 합격에 끼친 영향을 분석한 기사는 거의 보지 못했다.

한국사도 수능 최저 기준에 포함되지만 아직까지 한국사 때문에 최저를 맞추지 못했다는 학생은 본 적이 없다. 한국사 수능 최저 기준이 매우 낮게 매겨져 있기 때문이다. 연세대가 4등급, 경희대가 5등급인데, 자사고인 본교에서 이 이하의 성적을 받은 학생은 전교에서 5명도 안 된다. 요즘 필자는 마치 회춘하는 듯한 기분이 든다. 수능 한국사가 절대평가인 데다 쉽게 출제되어 아이들이 좋은 성적을 받기 때문이다. 수능 성적표에 한국사가 가장 먼저 나오고 그 뒤에 차례로 국-수-영-탐구 성적이 나오는데, 2018년 입시에서 1-4-3-2-3 성적표를 많이 보았다. "한국사가 유일한 위로였어요"라고 말하는 학생이 한둘이 아니었다. 나이 쉰에 수능 성적 잘 내는 교사라는 칭찬을 다 들어 보았다. 한국사는 쉬운 수

능을 기조로 하니 걱정하지 않아도 된다. •

영어 다음으로 신경 쓸 것은 탐구다. 수능 최저 기준에서 탐구 성적을 2과목 평균으로 하는 대학이 있고, 두 과목 중 높은 점수의 1과목 성적만 반영하는 대학도 있다. 중위권 대학이 주로 1과목 성적만 반영하므로 중상위권 대학을 노리는 학생이라면 탐구 한 과목은 1~2등급을 받아야 한다. 그래서 성적 상담할 때 반드시 강조하는 원칙이 있다.

"탐구는 한 과목씩 잡아라. 생물과 화학을 선택했다면 생물 1등급 화학 3등급이 낫지, 생물 2등급 화학 2등급은 안 된다. 수시든 정시든 마찬가지다."

정시에서도 탐구 과목 성적은 둘 중 한 과목만 반영하는 대학들이 있어서 같은 전략을 취해야 한다.

그런데 수시 지원은 9월이고 수능은 11월이다. 수시 지원할 때 이후 아이가 실제 수능에서 어떤 성적을 받을지, 수능 최저를 맞출 수 있을지 예측하기 어렵다. 그야말로 귀신도 모른다. 그렇다면 수시 지원할 때 어떻게 해야 하나?

• 2017년에 '불국사'라는 말이 유행했다. 한국사가 예상 외로 어렵게 나왔기 때문이다. 그러나 최저 맞추는 데 아무 문제가 없었고, 이과는 정시 지원할 때 만점 기준이 4등급이어서 역시 문제가 없었다. 다만 문과는 만점 기준이 3등급인데, 3등급 이상 인원이 적게 나와 정시에서 미세하게 감점을 받은 학생들이 생겼다.

6·9월 모평이 실제 성적과 가까워

3학년 담임에게는 원칙이 있다. '3학년 3월 모의고사 점수를 넘는 수능 성적은 없고, 6월 모의평가(모평)*와 9월 모의평가 점수가 가장 실제 수능 성적에 가깝다'는 것이다. 그래서 보통 3,4월 모의고사 중 가장 잘 본 성적을 최대치, 6월과 9월 모평 중 가장 못 본 성적을 최저치로 잡고 상담한다. 6월 모평을 보고 나서 어머니들이 학교로 담임 상담하러 오는 이유가 이 때문이다. 따라서 수능 최저 가능 점수는 보통 6월 모평을 기준으로 계산하고, 9월 모평 성적을 본 후 최종 예측한다. 문제는 6월 모평 성적을 기준으로 할 때 수능 최저를 맞추는 학생이 많지 않다는 것이다. 서울 소재 4년제 대학에서 가장 낮은 수능 최저 기준은 2개 영역 합 7이다. 국어와 수학을 3,4등급을 받아야 한다는 것인데, 자사고에서도 하위권은 받기 어려운 성적이다. 30명 중 20등 안에는 들어야 가능하며, 일반고의 경우에는 상위권 학생들만 해당하는 학교도 많다고 들었다.

6월 모평 성적을 기준으로 할 때 수능 최저를 맞추지 못할 경우 수능 최저가 없는 대학을 지원하게 되는데, 내신 비중이 높거나 (논술전형의 경우) 논술 문제가 까다로워 상대적으로 일반고가 유리하

---

* 3학년은 1년에 총 6회의 모의고사를 치른다. 이 중 3월, 4월, 7월, 10월 모의고사는 전국연합학력평가(학평)이며, 교육청에서 주관하고 재학생 중심으로 치른다. 6월과 9월 모의고사는 교육과정평가원이 주관하는 수능모의평가(모평)로 수능 출제진이 출제하며 재수생이 대거 참가한다. 그래서 6월과 9월 모평을 진정한 모의고사로 본다.

다고 판단한다. 내신 성적이 높지 않은 학생이 지원을 원할 경우, 모의고사 성적 중 가장 높은 성적을 기준으로 수능 최저를 맞추고 상담하기도 하는데, 큰 기대를 하지 않는 경우가 많다. 학평을 한두 번 잘본 학생은 특정 유형의 문제에만 강한, 기초가 부실한 학생이어서 실제 수능에서 좋은 성적을 기대하기 어렵다.

요즘은 3학년 모의고사 성적 중 가장 낮은 점수보다 수능에서 더 낮은 점수를 받는 학생도 많다. 수능에 대한 부담감, 과도한 사교육으로 인한 기초 부실 등을 원인으로 본다. 하지만 그렇게까지 예상하고 수능 최저를 맞추어 지원하지는 않는다. 그러면 학생의 희망과 너무 동떨어진 대학을 지원해야 하기 때문이다.

수능 최저에 맞춘 공부는 '독' .... 수능 최저 점수를 맞추는 것을 목표로 수능시험을 대비할 경우, 자신이 어느 수준의 대학을 지원할 것인가에 따라 수능에 대한 부담과 전략이 좌우된다. 예를 들어 2016년 기준 정시로 연세대를 가려면 전 과목 1등급을 받아야 했지만, 수시로 갈 경우에는 1등급 2개, 2등급 2개를 받으면 되었다(4개 영역 합 6등급). 경희대의 경우 4개 영역 중 2개 영역을 포기해도 별 문제가 없다. 즉, 국어 2등급, 수학 6등급, 영어 3등급, 탐구 1~2등급과 2~4등급만 받아도 진학 가능하다(2개 영역 2등급 이내).

수시 전형이 수능에 대한 부담을 줄이고 사교육비를 경감한다는 취지로 도입된 것이므로 이는 당연한 결과다. 문제는 많은 학부모와 학교가 수시와 정시를 동시에 대비한다는 데 있다. 수시도 논술과 종합을 동시에 준비하는 경우가 많다. 아무리 정부가 부담을 줄이려 정책을 만들어도 현장에서는 오히려 부담이 증가하는 것이 이 때문이다.

　학교마다 다르겠지만, 수시 합격률은 그렇게 높은 편이 아니다. 정시의 기회를 노리면서 수시에서 상향 지원을 하는 경우가 많고, 수시 경쟁률이 기본 10대 1에 50대 1까지도 오르기 때문에 상대성이 강하다. 그래서 학생들과 상담할 때 수능 최저 통과를 목표로 수능 공부하는 것을 금기시한다. 당락을 정확히 예측하기 어려운 수시에 맞춰 공부했다가 모두 떨어지면, 그 정도 수능 성적으로는 정시에서 갈 곳이 없기 때문이다. 예를 들어 경희대 진학을 목표로 2개 영역만 공부했다가 수시에서 불합격하면, 수능 최저 맞춘 정도의 성적(앞의 예에 나온 국수탐 합 11등급)으로는 전문대 인기학과도 진학하기 어렵다. 2018년 입시에서 한양여대 인기학과에 합격한 학생 성적이 국수탐 합 10등급이었다.

　수능 공부는 어디까지나 정시 대비용으로 해야 한다. 수능 최저는 학생들의 부담을 약간은 덜어 주지만 오히려 방심을 유도하는 나쁜 제도가 될 수 있다. 대학 입시는 어떻게 해도 고통스럽다. 괜히 헬조선이겠는가?

전공이나 계열을 중간에 바꾸면 불리한가?

고등학교에서 통상 문/이과 계열 선택은 1학년 때 이루어진다. 학교는 가능한 한 빨리 결정하려 하는데, 그 이유는 문/이과 인원이 정해져야 다음 해 교과서 신청 및 교사 수급*을 결정 지을 수 있기 때문이다. 특히 교과서 신청은 9~10월에 하고, 돈과 관련한 일이라 절차가 까다로워서 빨리 확정하고 싶어한다.** 그러나 그것은 어디까지나 행정상 편의를 도모하는 학교의 입장일 뿐, 많은 아이

---

* 해마다 과목별 시수가 변하기 때문에 시간강사나 기간제 교사를 임용하거나 혹은 계약을 해지해야 한다. 예를 들어 올해 문과 5개 학급 이과 5개 학급이던 것이 내년 문과 4개 이과 6개 학급이 되면 사회과 강사는 나가야 하고 과학과 강사는 더 뽑아야 한다.

** 전학 온 학생들이 종종 왜 학교에서 교과서를 주지 않느냐고 물을 때가 있다. 지금은 신청한 학생들의 수만큼만 교과서를 받기 때문에 교과서 여분이 없다. 심지어 사전 신청해서 학교 예산에 책정하지 않으면 교사도 교과서가 없다. 필자도 이 때문에 수업용 교과서를 서점에서 사서 쓴 적도 있다. 학생용 교과서는 학부모에게 돈을 받아 학교에서 구입하는 것이므로 계산 잘못하면 횡령이 된다.

들이 끝까지 문과와 이과 사이에서 갈팡질팡하며 고민한다. 적성뿐 아니라 진학까지 고려해야 하는 중요한 결정이기 때문이다. 2학년 문/이과 계열이 정해진 뒤에도 특히 이과반에서 수학이나 과학에 적응하지 못한 아이들이 문과로 계열을 변경할지를 두고 계속 혼란스러워한다.

문/이과 모두 관건은 수학

문/이과 선택과 관련해서는 두 가지를 고려하라고 충고하고 싶다. 먼저, 한국에서 문/이과 계열은 어디까지나 대학의 인문사회계와 자연공학계가 요구하는 과목에 따라 나뉜 것이다. 즉, 대학의 인문사회계열 학과에서 사회 과목을 원하면 문과에 사회 과목이 들어가는 것이고, 자연과학계열 학과에서 과학 과목을 원하면 이과에 과학이 들어가는 것이다. 2019년 2학년부터 고교학점제가 시행되어 문/이과 구분이 사라진다는데, 교육 현장에서는 구분이 없어질 거라고 생각하지 않는다. 어차피 대학에서 자연공학계열 학생을 모집할 때 수학의 기하·백터 점수와 생물·화학 점수를 요구하면 그 과목에 집중하는 학생들(이과)이 생겨날 것이고, 이런 대학의 요구가 변하지는 않을 것이기 때문이다.

또 하나, 가능하면 계열을 바꾸지 말 것을 권한다. 이과 학생들의 가장 큰 고민은 수학이다. 그래서 고3이 되면 꽤 많은 이과 학생

들이 수학 '가형'에서 수학 '나형'으로 바꾼다(이과는 수학 가형, 문과
는 수학 나형). 서울 상위권 대학 및 국립대를 제외하고 많은 대학들
이 이과에서도 수학 나형 응시자의 지원을 허용하기 때문에 큰 불
이익은 없다.

하지만 숙건동 이상의 상위권 대학 진학을 원한다면 이과에서
문과로 바꾸는 것은 신중해야 한다. 또한 이과의 경우 2학년 내신
에 과학탐구만 있고 사회탐구가 없어서 대학에 따라 이수 과목 수
미달로 지원이 어려울 수도 있다. 또 상대평가 체제에서 이과 학생
들이 사회탐구 과목 성적을 따라잡는 것이 생각보다 힘들다. 게다
가 상위권 대학 정시 커트라인이 문과가 이과보다 2~3퍼센트 높
다. 건국대 이과는 정시에서 수능 백분위 87~88퍼센트도 합격 가
능하지만, 문과는 90~91퍼센트 이하가 합격한 전례를 찾기 어렵
다. 수학 나형으로 바꿔서 약간 성적이 오른다 해도 커트라인이 같
이 올라가니 도로아미타불이다. 이과에서 문과로 돌릴 때는, 확실
히 문과 적성인데 이과로 잘못 선택한 경우만 하는 것이 옳다. 물
론 이 경우에도 수학은 여전히 문제로 남는다. 수학 가형에서 나형
으로 돌렸지만 여전히 같은 등급인 애들을 많이 봤다.•

• 이과에서 문과로 돌린 직후 초기에 수학 등급이 올라가는 경우가 있다. 그러나 6월
모평 이후 이과에서 많은 인원이 나형으로 돌리기 때문에 결국 또다시 이과와의 싸
움이 된다. 필자가 3학년 이과 담임할 때는 35명 중 15~20명까지 나형으로 돌리기
도 했다.

예체능을 선택하는 경우도 마찬가지다. 필자는 3학년 담임 8년 중 이과 담임을 2년 했는데, 이과 담임하면서 음대·체대 모두 진학 지도를 했다. 예체능은 실기가 중심이어서 이과라고 해서 특별히 불리할 것이 없다. 오히려 이화여대 체육처럼 수학을 반영하는 예체능 대학의 경우 이과에서 대박이 나기도 한다. 문과 예체능 지원자 중에 수학을 포기한 학생(수포자)이 많기 때문이다.

전공 탐색은 무얼 기준으로?

앞서 이야기했듯 전공을 바꾸는 것은 얼마든지 가능하다. 다만 인기학과를 지원할 때는 주의할 필요가 있다. 전공 탐색과 결정 과정에서 고려해야 할 것을 조금 더 자세히 살펴보자.

1학년 때에는 다양한 활동을

학생이 고등학교에 입학하면 많은 학교에서 진로 적성 관련 검사를 실시한다. 다면적 인성검사 같은 것들로,* 보통 부모님들은 대수롭지 않게 여기지만 학교에서는 꽤 주목하는 검사다. 이를 통해 학생의 진로 적성을 대략 추론

---

* 과거에는 IQ도 검사했다. 아이큐는 평균을 100으로 해서 평균보다 우월하면 100 이상, 평균 이하면 100 이하로 나온다. 120이 넘으면 아주 훌륭한 학생이라고 생각할 수 있다. 그러나 요즘은 IQ검사는 하지 않고, 자기주도학습지수(LQ)와 자기조절학습지수(SQ) 등을 검사한다. 학생의 창의성, 잠재력, 학습동기 등 다양한 측면을 보기 위해 만든 지수인데, 과거 IQ만큼 학업 성적과 직접적인 관련성은 적어 보인다.

할 수 있기 때문이다. 예를 들어, 이과와 문과 적성이 비슷한데 이과 적성이 약간 높게 나오는 아이들이 있다. 얼핏 이과 적성으로 볼 수도 있지만, 경영·경제나 심리학 등 수학 실력을 요구하는 문과(대개 인기학과) 진로인 경우가 많다. 반대로 문과 적성이 약간 높은 이과도 있는데, 이 경우는 의대인 경우가 많다. 일방적으로 이과나 문과가 높게 나오는 경우는 어문학이나 공학 같은 비인기학과(한마디로 대학원 가서 공부하는 학과)가 적성일 가능성이 높다.

고등학교에 처음 진학할 때 학부모와 학생들의 목표는 대개 문과는 경영·경제, 이과는 의대다. 그래서 진로 적성 검사를 통해 이과 적성인지 문과 적성인지만 확인하려 하고, 의대가 목표인데 문과 적성이 나오면 실망하기도 한다. 그러나 고3이 되면 아무래도 현실적인 고민을 할 수밖에 없다. 의대나 경상 계열은 소수 상위권 학생의 목표가 되고, 다수의 학생은 새로운 진로를 탐색해야 한다. 그럴 때 다시 들춰 보게 되는 것이 바로 진로 적성 검사 결과다.

앞서 말했듯, 생기부에 기록되는 전공 활동은 1학년의 경우 폭넓은 전공 탐색 과정을 보여 주는 것이 정답이다. 스토리 있는 생기부, 스토리 있는 자소서란 동기—전개—심화 과정이 잘 드러나는 것을 말한다. 1학년은 '동기'에 해당하므로 문/이과 가리지 말고 자신의 흥미에 맞는 다양한 활동을 하는 것이 좋다. 특히 필자가 강조하는 것은 독서인데, 이과 학생이라도 소설 등의 문학작품을 읽는 것이 매우 중요하다. 환자를 다루는 의사가 인간을 이해하는 감성이 없다면 심각한 문제 아닌가?

본교 문과 학생 중 경희대 한의예과를 종합전형으로 합격한 학생이 있다. 이 학생은 사실 생기부 때문에 고민이 많았다. 활동을 너무 다양하게 해서 전공적합성이 약했다. 문과인데 심지어 동아리가 과학실험연구반이었다. 고민하는 학생에게 상담하며 이렇게 말해 주었다.

"다양한 활동을 했으니 여러 학과에 지원할 수 있어서 좋고, 또 요즘 추세가 문/이과 융합형 인재를 원하니 너야말로 4차 산업혁명 시대 인재 아니겠니?"

한의예과 합격 후 생기부를 재검토하면서 역시 과학실험동아리 경력이 중요했을 것이라고 평가를 내렸다. 다양한 활동을 기피할 필요는 없다. 활동을 안 하는 것이 문제이지, 많이 한 것은 문제가 아니다. 다만 그토록 많은 활동을 하고 거기에 성적까지 좋아야 하니 그것이 안쓰러울 뿐이다. 아무튼 너무 특정 활동에 집중하는 것은 좋지 않다. 특히 1학년은 더욱 그렇다.

심화 활동의 바탕은 역시 독서　　2학년은 아무래도 전공 활동이 강화되어야 하는데, 특히 신경 쓸 것은 내용 심화다. 여기서 대개 결판이 난다. 학생이 정말 흥미와 적성을 갖고 있다면 자기주도성이 드러나기 마련이고, 이와 관련한 활동을 제시할 수 있으면 아주 좋다. 그런 것이 없다면 활동의 나열일 뿐 심화 과정을 보여줄 수 없다.

가장 바람직한 예는 앞에서 예시한 서울대 경제학과 입학 학생과 같은 경우다. 그러나 자기 스스로 적성을 찾아 독서 포트폴리오를 만들 수 있는 수준의 학생은 많지 않다. 또한 많은 학생이 자신의 관심이나 흥미보다 취업을 좇아 전공을 선택하기 때문에, 내용 심화에 대한 생각 자체를 못 하는 경우가 많다. 그런데 여기서 어른들이 유의해야 할 것은, 그것이 당연하다는 사실이다. 18세의 나이에 취업에 대한 중압감 속에서 전공에 대한 뚜렷한 소신까지 기대하는 것은 무리다. 없으면 없는 대로 계속 폭넓은 탐색 활동을 하는 것도 좋다. 담임 입장에서는 나중에 원서 쓸 때 비인기 학과도 도전해 볼 여지가 생겨서(아무튼 재수는 말리고 싶으니까) 나쁘지 않다.

최근에는 3학년도 활동을 지속한다. 봉사나 동아리 활동은 어렵지만 과세특 관련 교과 활동은 계속된다. 따라서 3학년에 올라가서 심화 활동을 해도 괜찮다. 어차피 이제는 정시가 아닌 수시 위주 지원이므로 "3학년은 오직 수능 공부만!"이라는 생각은 많이 약해졌다.

심화 활동으로 가장 쉽게 떠올릴 수 있는 것은 소논문이나 탐구 보고서다. 그러나 독서가 뒷받침되지 않은 논문은 의미가 없다. 논문은 결국 지식과 생각의 정리이므로 그 지식을 뒷받침하는 독서가 필요하다. 역으로 그것이 뒷받침되지 않는 소논문은 인터넷 짜 깁기에 지나지 않는다. 드라마 〈스카이 캐슬〉에서 소논문 활동을 위해 독서 토론을 하는 장면이 나오는데, 아무리 입시 코디가 컨설팅을 해도 책 내용을 자신의 것으로 소화해 내려면 상당한 학업 역량이 뒷받침되어야 한다. 책을 읽는 것과 책을 이해하는 것은 전혀 다른 차원이다. 결론적으로 필자는 독서를 권한다.

전공 탐색은 평생의 직업을 선택하는 과정이다. 돈도 벌고, 성취감도 느낄 수 있어야 하고, 한국에서는 사회적 지위도 어느 정도 보장되어야 한다. 열아홉 살에 결정하기에는 무리가 있는 것이 사실이다. 그래서 잔인한 측면이 있지만, 그렇기에 또 평가가 가능하다. 필자가 지도한 학생 중 문학적 재능이 훌륭하다고 생각한 아이들이 몇 명 있었다. 그중 한 제자가 신춘문예에 당선되었다고 연락해 왔다. 교사들은 대학과 상관없이 자신의 진로에서 높은 성취를 이룬 사례를 많이 알고 있고, 그 눈높이로 학생들을 지도한다. 잔 재주가 통하지 않는 것이 바로 전공에 대한 적성과 흥미이다.

17

추천전형과 일반전형 어느 것이 유리할까?

추천전형은 누군가의 추천을 받아 지원하는 전형이다. 학교, 종교, 심지어 개인 추천전형도 있는데, 대개의 경우는 학교추천전형을 의미한다. 학교추천전형은 인원 제한이 있을 경우 학교가 선발하여 추천하고, 인원 제한이 없는 경우는 일반전형과 크게 다르지 않다. 선발 방식은 논술전형, 종합전형, 교과전형 등 다양하지만 최근에는 교과전형이 대세다. 그래서 통상 일반고는 추천전형, 특목고와 자사고는 일반전형이라고 본다.

'추천'이라고 다 붙지 않는다   추천전형에 대해 잘 모르는 학부모들은 일반전형에 비해 경쟁률이 낮은 것만 보고 추천전형에 지원하고 싶어 한다. 심지어 일반전형 중에서도 추천서가 있는 전형을 선호한다. 그러나 '추천'이 특별히 프리미엄이 붙는 것이 아니라, 대학 측에서 원하는 학생을 뽑기 위해 고교 측에서 먼저 걸러 주기를 원하는 장치이므로 학생 입장에서 유리할 것이 없다.

추천전형 중 학교가 추천권을 가지고 학생의 지원에 간섭하는 경우도 있어서, 이 때문에 학교와 학부모가 얼굴 붉히는 일도 있다. 대표적으로 두 가지를 꼽을 수 있다.

하나는 최상위권 학교의 학교추천전형이다. 서울대 지역균형전형, 고려대 학교추천전형, 동국대 학교장추천전형, 이화여대 학교추천전형 등이 있는데 학교장이 최종 결정권을 갖는다. 이런 전형은 지원 가능한 인원수가 정해져 있고 학교가 대상을 결정해서 대학 측에 명단을 보내기 때문에 많이 개입한다. 물론 학교마다 대상자 선발 기준이 있어서 그에 따라 선정한다. 그 기준은 당연히 내신 성적인데, 문제는 어떤 내신이냐는 것이다. 대학별로 내신을 계산하는 방법이 다르다. 전 과목 내신 평균을 요구하는가 하면, 국수영사(문과)나 국수영과(이과) 내신만 보는 학교도 있다. 일종의 교양과목인 제2외국어·논술·정보 같은 과목을 넣거나 빼기도 하고, 심지어 성적 우수 과목만 계산하는 경우도 있다. 그래서 학교는 전 과목 평균으로 일괄적으로 계산할 것인지, 학교별로 계산할 것인지 결정한다.

일단 결정이 나면 순위에 따라 학생을 선발하는데, 이때도 원칙을 정해야 한다. 당연히 전교 1등은 모든 추천전형에 해당되는데, 모든 대학을 전교 1등부터 추천하면 뒷순위에게는 기회가 오지 않으므로 조정이 필요하다. 특히 이과는 의대 지원 때문에 전교 1등이 여러 개 학교(가령 가톨릭대 의대) 추천을 받고 싶어 해서 조정이 쉽지 않다.

이런 문제도 있다. 전교 1등이라고 해도 문과 1등과 이과 1등이 있다. 서울대 지역균형전형(지균)은 한 학교에서 2명까지 추천할 수 있다. 보통 문과 1등과 이과 1등을 추천하는데, 이과 2등이 문과 1등보다 내신 점수가 높은 경우가 있다. 본교도 이과 1등 1.1, 2등 1.3인데 문과 1등이 1.5 이상인 경우가 종종 있다. 이때 학교는 복잡한 계산을 해야 한다. 예컨대 이과 상위권이 문과 상위권보다 쉽게 내신을 따지 않았느냐는 의견이 나올 수 있다. 학교마다 문화가 다르지만, 예컨대 의대 때문에 1학년 때 상위권 학생들이 이과 지원을 선호한 경우, 이과는 상위권과 하위권 격차가 커서 문과보다 내신 따기가 좀 더 쉬워진다. 문과가 경쟁이 더 치열해서 내신 점수가 낮게 나왔으니 문과 1등을 추천해야 한다고 결론을 내릴 수 있다. 반론도 있을 수 있다. 이과에 상위권이 몰리면 최상위권 경쟁은 오히려 더 힘들다. 그런 어려움 속에서 얻은 내신이니 그대로 존중하자고 한다면 이과 1, 2등을 서울대 지역균형전형으로 추천한다.

이런 것도 고려해야 한다. 이과는 과학탐구의 I과목과 II과목을 배워야 하는 부담(문과의 사회탐구는 II과목이 없다) 때문에 1학년 때부터 과학 수업을 배우기를 원한다. 그래서 1학년 때 과학 수업을 넣는데, 그러면 1학년은 문/이과 공통이므로 결국 이과 지원 학생과 문과 지원 학생 사이에 내신이 벌어지게 되어 있다. 1학년 때 벌어진 내신 차이가 최종 내신 성적에 영향을 끼쳤다면, 문과 1등을 추천하는 것으로 결론을 내리게 된다.

서울대·의대 추천전형을 둘러싼 태풍

추천을 놓고 갈등이 벌어지는 또 다른 사례는 다수의 학생이 같은 학과에 지원하는 경우다. 특히 서연고급 대학의 경우 같은 학과를 2명 이상의 학생이 지원하면 내신이 낮은 학생에게 타 학과로 지원할 것을 종용한다. 한 학교에서 한 과에 1명 보내기도 힘들기 때문에 2명 지원은 최대한 피하려는 것이다. 하지만 종합전형은 이미 생기부가 특정학과에 맞춰 준비되어 있기 때문에 타 학과로 지원시키기가 쉽지 않다. 그래서 중상위권 대학의 경우 여러 학생이 같은 학과에 지원하면 내신 낮은 학생에게 포기를 종용하되 강요하지는 않고 단지 불합격 가능성이 높다는 것만 주지시킨다. 최소한 필자의 경험안에서는 2명이 같은 과에 지원하여 동시에 합격하거나 내신 낮은 학생이 붙고 높은 학생이 떨어진 경우는 없었다.

특히 서울대는 그해 지원한 인재풀 안에서 상대평가로 학생을 선발하기 때문에 한 학교의 지원자 전원이 전멸하는 경우도 있다. 그러다 보니 한 사람이라도 합격시키기 위해 최대한 안전하게, 조금이라도 불리할 만한 일은 무조건 피하려 한다. 하지만 서울대에 지원할 정도의 학생이라면 3년 동안 한 번쯤은 전교 1,2등은 해 본 학생들이라 자존심이 강해서 쉽게 물러서지 않는다. 학부모도 마찬가지다.

그럼에도 학교가 특히 서울대에 한해서는 학생 지원에 개입하는 이유가 또 하나 있다. '서울대 합격자 수=명문고 순위'인 대한민국에서 고등학교에서는 1명이라도 더 서울대 합격자를 배출하려고 노력한다. 그래서 최대한 안전하게 하향 지원시키려 한다. 경영학과 쓰고 싶어 하는 아이를 사회복지학과 쓰게 하고, 의대 지원하려는 학생은 최대한 말리는 경향이 있다. 고등학교에서 아무리 우수한 아이를 키웠어도, 이과 1등이 의대 써서 떨어지고 문과 1등이 경영학과 써서 떨어져 그해 서울대 합격자 '0'이 되면, 당장 지역사회에서 이른바 '똥통학교'로 낙인찍힌다. 그래서 약간 떨어지는 수준의 전교 1등이 있을 때 더 좋아하는 학교도 있다. 그 아이들이 서울대 낮은 과에 지원해서 합격할 가능성이 더 높으니까. 지역 일반고의 경우 서울대 2~3명만 보내도 학부모들 눈빛이 달라지고 입학하는 아이들 표정이 달라진다.

서울대나 고려대 추천전형은 학교가 명문고가 되느냐 아니냐의 문제이므로 학교도 예민해진다. 입시에 목숨 거는 학교의 경우 진학부장이 관련 전략을 잘못 짜면 학교 경영진으로부터 엄청난 질책을 받을 수 있다. 학부모 민원이 가장 빗발치는 것도 이 사안이다. 자식을 명문대 보내고 싶어 하는 욕망은 한국에서 거스를 수 없는 태풍이다. 학교와 학부모가 정면충돌하는 지점이 여기이므로, 입시 전쟁을 강 건너 불구경하는 사람 입장에서는 왠만한 영화 저리 가라 할 정도의 스펙터클을 즐길 수도 있다.

중위권 대학 추천은 큰 의미 없어 서울대, 고려대, 의대 추천전형을 둘러싼 태풍 같은 전쟁을 치르고 나면, 중상위권 대학의 추천전형이라는 잔잔한 호수 같은 상황이 남는다. 앞에서도 언급했듯이, 자사고나 특목고는 이 전형은 거들떠보지도 않는다. 추천해 봐야 합격 가능성이 없으므로, 학교에서도 대상자를 선정한 뒤 아이들한테 공고만 하고 담임이 개인적으로 가능성 있는 아이들과 상담해서 결정한다.

일반고의 상황에 대해서는 필자가 자세히 알지는 못하지만, 주로 그 대학 진학을 목표로 하는 학생들이 지원하는 것으로 알고 있다. 일반고에서는 학급 1등이 중경외시에 입학하는 것이 최선인 경우도 있다. 2학년 때 학급 1~2등이 3학년에 올라가서 꼬이는 바람에 숙건동조차 실패하기도 한다. 일반고는 문/이과 계열에 따라, 혹은 선택과목에 따른 반편성 등의 이유로 학급별 격차가 상당히 크다. 필자가 일반고 담임할 때 가장 못 보냈을 때 중경외시 1명, 숙건동 1명, 홍국서 1명… 이렇게 보내기도 했고, 가장 잘 보냈

을 때 서연고 4명, 서성한 3명… 보내기도 했다. *

중위권 대학 추천전형은 추천 인원 제한이 없어서 큰 의미를 두지 않는다. 희망 학생은 누구나 추천을 받을 수 있기 때문에 추천서 있는 종합전형의 또 다른 형태와 다름없기도 하다. 불행히도 필자는 이 전형 지원 경험이 없어서 자세한 설명은 어렵다.

대학에서는 각기 다른 수많은 전형으로 학생을 선발하고, 각 전형마다 내신 성적을 적용하는 기준과 방법이 다 다르다. 그래서 어느 정도 내신이면 어떤 전형이 유리하다고 딱 잘라 말할 수 없다. 각 대학마다 지원하는 학생에 대한 데이터를 바탕으로 전형을 설계하므로, 대학 입장에서는 자신들이 원하는 학생을 선발하는 데 최적화된 내신 기준을 적용했을 것이다.

이런 예를 들 수 있다. 평소 내신 성적은 좋지 않은데 모의고사 성적은 아주 좋은 학생이 있었다. 이런 학생들은 보통 수능을 망치는 법인데, 이 학생은 수능도 아주 잘 보았다. 수능 성적으로 지원할 학교를 골라 보니 A대학은 상향 지원, B대학은 안정 지원으로 예상되었다. 하지만 내신 성적을 적용해 보니 B대학도 상향 지원이 나왔다. A대학은 내신을 반영하지 않고 B대학만 반영하는데, B대학의 내신 반영 비율이 불이익을 받을 정도의 수준이었던 것이

---

* 학부모는 대학 잘 보내는 교사가 유능한 교사라고 생각하겠지만, 교사 입장에서는 학급을 잘 만나야 대학을 잘 보낸다는 생각을 한다.

다. 다행히 이 학생은 A대학에 지원해서 합격했다. 내신 성적 나쁜 수능 대박 학생을 원치 않았던 B대학은 목적을 달성한 셈이다.

이처럼 정시 모집에서도 내신 성적을 일정 비율 반영한다. 하지만 서울 중위권 대학은 내신 1~5등급까지는 거의 동점을 준다. 실제 지원하는 아이들이 거의 내신 2~4등급대이므로 결국 수능 성적 순으로 선발하는 셈이고, 지원자 대부분은 내신 때문에 불이익을 받을 일은 없다. 대학에서는 지원하는 학생들의 평균 내신이 최대한 잘 반영되도록 전형을 만든다. 그래서 결국 공부 못하는 애들은 대학에 못 가는 것이다.

대학은 최대한 성적 좋은 학생을 뽑으려 하고, 학생들은 자신의 성적으로 최대한 좋은 대학에 진학하려고 한다. 이 입장 차이가 다양한 전형과 다양한 전략을 낳는다. 그러나 그 모든 전략과 전술은 결국 절대적인 원칙으로 귀결된다. 공부 잘하는 애들만 좋은 대학 간다는.

18

학원 상담과 담임 상담 어느 쪽이 나을까?

필자가 담임 교사인 때문일 수도 있지만, 종합전형 입시 상담은 담임이 학원보다 낫다고 생각한다. 종합전형의 평가 항목이 대부분 학교 생활을 바탕으로 하는 데다 케이스 바이 케이스의 성격이 강하기 때문이다.

학교 생활 속속들이 아는 교사가 유리해 앞에서도 언급했듯이, 고등학교마다 내신의 질이 많이 다르다. 학생들의 내신 경쟁 수준에 따라 똑같은 평균 2.5등급도 어느 학교는 서성한 수준인데, 어느 학교는 서울 소재 4년제 대학 수준으로 천차만별이다. 고교등급제 논쟁이 사그라들지 않는 것도 이 때문이다.

심지어 한 학교의 같은 내신 점수도 해마다 수준이 다르다. 필자가 지도한 내신 3점대 초반 학생 중에 모의고사에서 모든 과목 1등급 98퍼센트를 받아 서연고에 진학한 학생이 있는가 하면, 모의고사 91퍼센트로 숙건동에 진학한 학생도 있다. 고교선택제와 자사고 제도가 생긴 이후, 그해에 어떤 학생들이 입학하는지에 따라 해마다 학생의 수준이 출렁인다. 그러니 내신 성적만으로는 그 학생의 수준을 가늠하기 어렵다. 여기에 학교마다 비교과 활동에 대해 장단점이 있다. 본교는 한동안 소논문 활동이 약점이었지만 온갖 노력을 다해서 최근에는 강점으로 바뀌었다.

종합전형은 학생들을 획일적으로 교육하지 않고 학생 개개인을 맞춤형으로 교육시키는 최근 교육개혁의 흐름을 반영한 전형이다. 학생들의 개성과 창의성을 살리겠다고 해 놓고 평가는 획일적으로 하나의 기준(수능 성적)을 적용한다면 무슨 의미가 있겠는가. 그런 의미에서 학생에 대한 종합적 평가는 학생을 3년 동안 지도한 그 학교가 가장 잘할 수 있고, 그 모든 것을 종합해서 관찰하고 상담한 담임이 가장 잘 알 수밖에 없다.

예를 들어, 교대에 지원하고자 하는 아이들은 1학년 때부터 티가 난다. 공부도 잘하지만 무엇보다 학교 생활에 잘 적응하고 대개 교사들과의 관계도 원만하다. 한마디로 교사를 교사로 보지 않고 미래의 자기 모습으로 본다. 교사 입장에서도 교대 지망자는 미래의 직장 동료이므로 아무래도 보는 눈이 다르다. 한번은 교대 희망하는 학생에게 이렇게 구박한 적이 있다.

"30년 동안 학교에서 밥 먹겠다는 녀석이 학교 밥을 그렇게 싫어

하면 어떻게 하냐?"

　교사는 학교 급식이 점심이기 때문에 학교 급식을 싫어하는 사람은 정말 고달프다. 다이어트 핑계로 점심 굶는 젊은 선생들도 있고,* 20년 동안 똑같은 밥에 질려서 도시락 싸 오는 선생들도 있다. 필자도 한창 때는 1주일에 한 번은 컵라면으로, 또 한 번은 고구마 1개로 점심을 때우기도 했다. 교사는 학생들이 먹는 밥을 먹어야 하고, 융통성을 발휘해 봐야 따로 급식비를 더 내고 반찬 하나를 추가하는 것이 전부다(그나마도 그 반찬 하나가 교육개혁 1차 타깃인 적도 있었고 지금도 학부모 민원 대상이다). 결국 교사의 중요한 덕목 중 하나는 학교 급식을 좋아해야 한다는 것이다!**

　교사가 되겠다면서 학교 밥 싫어하는 아이의 특성은 교사만 알 수 있다. 그런 부적합성은 생기부나 자소서에 드러나게 되어 있고, 교사는 그것을 인지하고 학생에게 새로운 진로에 대한 고민을 제시해 줄 수 있다. 후학을 키우는 게 꿈이라면 교사가 아니라 교수가 되어도 상관없지 않은가? 또 교육에는 아이들을 가르치는 것뿐

---

* 학교 급식은 성장기 청소년을 위한 식단이기 때문에 칼로리가 높다. 건강검진 때 학교 식단을 말했더니 의사가 중년에 그렇게 먹으면 성인병 걸린다고 경고했다.

** 여담이지만, 교사는 학교 급식을 교사 밥으로 보고 좀 더 비싸고 고급으로 주기를 바란다. 그러나 학부모들은 급식비 인상을 결사 반대한다. 자장면 한 그릇 가격보다 적은 돈으로 애들 밥을 먹이는 실정이다. 똑같은 밥을 교사와 학생이 먹어도 학생 밥은 면세 대상이고 교사 밥은 과세 대상이어서 교사 식비가 조금 더 비싸다. 물론 식비는 월급에서 공제한다. 학생들이 밥을 안 먹는 중간고사 기간에는 교사들도 밥이 제공되지 않기 때문에 모든 교사들이 인근 식당으로 흩어진다.

만 아니라 교육 관련 정책을 입안하거나 집행하는(공무원) 것도 포함된다. 이런 다양한 고민을 함께하며 준비하고 지원하기 때문에 철저하게 케이스 바이 케이스인 것이다.

생기부와 자소서는 소설이 아니랍니다 ....

사교육은 아무래도 이런 점이 약하다. 교사는 교사이기 전에 또한 학부모이기도 하다. 필자도 고등학생의 학부모지만, 솔직히 내 아이가 다니는 학교가 100퍼센트 이해가 되지는 않는다. 즉, 학교 외부 인사가 학교의 교육 활동을 이해하고 입시를 지도하는 것은 불가능하다. 사교육은 수많은 사례를 수합하여 일반화한 데이터를 갖고 상담할 수밖에 없으며, 결국 추상성의 문제를 안고 갈 수밖에 없다.

사교육은 종합전형을 지도하는 데 여러 가지 핸디캡을 안고 있다. 예를 들어 종합전형을 상담하려면 학생의 생활기록부가 있어야 하는데, 학생의 생기부 유출은 불법이다. 학원은 생기부를 확보하기 위해 엄청난 노력을 한다. 해마다 수많은 아이들이 담임에게 와서 학원 상담에 필요하다고 생기부를 출력해 달라고 조른다. 불법임은 학원도 알겠지만 그럼에도 학원은 학생들에게 생기부 출력물을 요구했었다.

그래도 많은 엄마들이 학원 컨설팅을 받아 종합전형에 합격시켰다고 믿는다. 학원에서 제시해 준 독서를 넣고 소논문을 넣고 자기

소개서를 쓰고…, 엄마조차 3년간 아이가 학교에서 노력한 활동을 인정하지 않는 것이다! 학원 컨설팅으로 종합전형에서 합격했다면, 도대체 떨어진 애들은 모두 학원 컨설팅을 받지 않아서란 말인가? 이러한 믿음은 생기부와 자소서는 소설이고, 조작 가능한 서류로 당락이 좌우된다는 믿음으로 발전한다. 현재 종합전형에 대한 비판에는 이런 불신이 반영되어 있다.

그러나 앞에서 생기부와 자소서를 설명하며 지적했듯, 거짓은 드러나기 마련이고 대학은 좋은 학생을 선발하기 위해 전문적으로 그 진실과 거짓을 가리고자 전력을 다한다. 필자는 어머니들에게 이렇게 말한다.

"소설과 거짓을 가려내지 못하고 엉터리로 학생들을 뽑는다면, 대학은 왜 연봉을 1억씩 줘 가며 박사학위를 소지한 입학사정관을 여러 명 고용하고 있을까요?"

사교육은 일반화할 수 있고 단위가 큰 입시에 강하다. 전국적으로 시험을 보는 수능, 그 수능 성적으로 지원하는 정시에서는 분명 강점을 갖고 있다. 필자도 답답할 때는 종종 정시 컨설팅을 하는 지인을 찾아가 묻고, 또 수능 출제진이었던 지인에게 수능 출제 경향의 변화를 묻는데, 그때마다 고정관념을 깨고 발상의 전환을 얻곤 했다.

그러나 종합전형은 학생 개인별 맞춤식이기 때문에 일반화가 불가능하다. 적성과 진로는 결코 획일화할 수 없고 강요할 수도 없는 것이기 때문이다. 매년 이과의 수많은 우수 학생들이 의대 문턱에서 좌절한다. 그중에는 의대 적합성에서 떨어진 아이들도 있다. 담임은 알고 만류하지만, 부모들의 의대에 대한 열망은 결코 꺾이지 않는다. 물론 의대를 포기하라는 말은 아니다. 의사가 되는 길은 험하고 멀다. 의사인 필자의 형도 해부학 실습한 날은 술에 취해 들어오곤 했다. 중요한 것은, 그 아이의 문제가 무엇인지 알고 교육 방향을 잡는 것과, 그렇지 않은 것에는 엄청난 차이가 있다는 사실이다.

합격 사례는 참고사항일 뿐 대입 상담에 임하는 학부모들은 대개 한 가지 불만과 함께 한 가지 잘못된 인식을 갖고 있다.

우선 불만은, 담임 상담이 마음에 안 든다는 것이다. 그런데 교사 입장에서 가장 힘든 것이 학부모 상담이다. 다양한 직업과 생각을 가진 사람들이니 화법도 다르고 수용하는 태도도 다르다. 대입 상담은 특히 학부모에게 신뢰감을 주는 화법이 필요한데, 이 모든 것을 고려해야 하니 어려울 수밖에. 그리고 이 화법은 철저하게 경험을 통해서 만들어진다. 필자는 학부모와 여러 번 충돌을 경험한 뒤, 몇 년간 학급 학부모 전원상담을 했다. 백 명 이상의 학부모와 상담했더니 겨우 사정이 좀 나아졌다. 교사를 교육시킨다고 해결될 문제는 아니라고 생각한다.

아이의 미래가 걸려 있다고 믿는 대입 상담은 담임과 학부모 상호 신뢰가 필수다. 필자가 학부모와 상담하며 느낀 교사의 필수 덕목은 자신감과 충분한 설명 두 가지다. 일부 담임 교사들이 이런 부분에 서툰 것이 사실이다. 학부모와 충돌한 뒤 위축되어 학부모를 기피하는 마음의 병을 얻는 교사도 있는데 당연히 상황은 더 악화된다.

"어머니, 3점대 내신으로 서울 소재 대학 가면 다행이라고 하는 사람 있죠? 그런데 3점대 내신으로 연고대 갈 수 있다고 말하는 사람도 있죠? 누가 거짓말을 하는 걸까요? 아무도 거짓말하지 않습니다. 아이 미래가 걸렸는데 누가 사기를 치겠어요. 모두 팩트입니다. 전자는 종합으로 간 애를 말하는 거구요, 후자는 어학특기자로 간 애를 말하는 겁니다. 지금부터 제가 설명해 드릴 게요…."

"3점대로 서연고를 간다고요? 누가 그런 사기를 쳐요!"

전자와 후자, 느낌이 다르지 않은가? 약 파는 것처럼 느껴지기도 하겠지만, 이 부분은 사실 교사들이 좀 더 갈고 다듬어야 하는 것이기도 하다.

다음으로 학부모들의 오류는 합격 사례를 너무 과신한다는 것이다. '누구는 이렇게 해서 서울대 보냈다더라. 누구는 저렇게 해서 연세대 보냈다더라.' 아무리 전문가가 설명해도 부모님 마음속을 지배하는 것은 이런 말들이다. 심지어 아이의 머릿속에도 이런 성공 사례들이 강하게 박혀 있다. 그러나 수시는 절대 그 사례를 맹신해서는 안 된다. 케이스 바이 케이스이다. 그 아이만의 합격 이유가 있을 뿐, 우리 아이는 그 아이와 다르기 때문에 (불행히도) 똑같이 따라해서는 갈 수 없다.

더군다나 그 성공 사례라는 것이 아주 단편적이다. 종합전형은 말 그대로 교과와 비교과를 종합해서 다양한 평가를 통해 합격자를 가려내는 것임에도 불구하고, 성공 사례담은 '어느 논술학원이 좋다더라' '독서에 무슨 책을 넣었다더라' '요즘은 소논문이 대세라더라' 같은 단편적인 것들뿐이다. 사실 수시 성공 사례가 어떻게 말로 퍼질 수 있겠는가? 평가 항목이 그렇게 복잡하고 많은데…. 그저 바다에 빠진 하나의 빗방울일 뿐이다. 그래서인지 요즘 부모들은 성공 사례를 참고사항 정도로만 생각하는 경향이 늘어나는 것 같다. 역시 한국 학부모들은 현명하고 무섭다.

종합전형에 쏟아지는 사회적 비판을 보면, 종합에 대한 공포심이 많이 자리 잡고 있다는 생각이 든다. 너무 복잡하고 방대한데 아이는 믿을 수 없고 부모는 뭔가 해 주고 싶은데 할 수 없으니까, 결국 예측할 수 없는 불행처럼 받아들여질 수 있다.

설령 잘못된 방식이라 해도 부모가 이해하고 함께 준비할 수 있는 선 안에서 입시를 치렀으면 하는 마음, 그것이 바로 수능과 정시에 대한 여론이 아닐까?

19

논술과 종합, 어느 것이 유리할까?

대박의 가능성은 아무래도 종합전형보다 논술전형이 더 높다. 특히 이과보다 문과가 그런 경향이 더 강하다. 물론 대박의 이면에는 그만큼 쪽박도 많다. 논술전형에 대해 자세하게 살펴보자.

대박이냐 '납치'냐 논술전형에 지원할 때 가장 고민되는 것은 내신이다. 논술 실력이 비슷하다면 내신에서 결판날 가능성이 높다. 내신이 상대적으로 불리한 학생은 어떻게 지원해야 하나? 수능 최저 점수가 높게 책정된 대학이 유리하다. 비슷한 수준의 대학이라면 '2개 영역 2등급'을 요구하는 학교(2-2)가 '2개 영역 등급합 4'를 요구하는 학교(1-3, 2-2)보다 수능 최저가 세고, 그만큼 내신만 좋고 수능 성적은 낮은 학생을 제칠 가능성이 높다. 물론 내신만 좋은 학생은 정반대로 지원해야 한다.

논술전형을 지원할 때 또 고려해야 하는 것은 논술시험 시기다. 곧 논술시험을 수능 전에 치르는가 수능 후에 치르는가를 따져야 한다. 수능이 멘탈 게임인 요즘, 학생의 수능 성적을 예측하는 것이 대단히 어려워졌다. 예를 들어 수능 90퍼센트 수준이면 문과의 경우 정시로 숙건동인데, 그러면 건국대 논술을 쓸 것인가 말 것인가? 건국대 논술시험이 수능 전이라면? 만약 수능이 대박 나서 93퍼센트 중경외시 지원할 성적이 나왔는데 논술전형에서 덜컥 합격해 버리면? 이런 경우를 '수시 납치'라고 한다. 과거 연세대, 한양대, 건국대 등이 수능 전 논술이었을 때는 지원을 둘러싼 고민이 굉장히 많았다.

이런 경우도 있다. 논술의 경우 평가자는 객관적이지만 응시자는 주관성이 강해서 학생들은 대개 자기가 시험을 잘 치렀다고 믿는다. 수능 전 논술을 보고 마음이 풀어져서 가장 중요한 수능 공부에 집중하지 못하는 아이들이 많다. 결국 수능은 폭망하고 논술은 떨어지고…. 이런 아이들은 100퍼센트 재수다.

수시 납치의 위험과 멘탈 관리의 어려움 때문에 많은 담임들이 수능 전 논술을 꺼린다. 단지, 장점이 하나 있다면 수능 전 논술을 치르는 아이들은 진지하고 성실하게 시험에 임한다는 것이다. 실제 수능 전 논술은 응시율도 높고 답안지 작성도 상당히 성실하다고 한다. 뭐랄까, 진검승부? 이런 것이 가능해서 정면대결을 좋아하는 담임들은 수능 전 논술도 선호한다.

논술 지원할 때 종종 시험 날짜가 겹치는 것을 걱정하는데. 비슷한 수준의 대학은 시험 날짜가 겹치는 경우가 드물다. 예를 들어 중앙대가 오전에 문과 논술 오후에 이과 논술이라면. 외대는 오전에 이과 논술 오후에 문과 논술 식으로 겹치지 않게 했었다. 그래서 오전에 논술 보고 오후에 또 논술 보는 아이들이 많다. 과거에는 라이벌 의식이 있어서 그랬는지 서강대와 성균관대가 꼭 날짜와 시간까지 겹쳐서 엄청 비난을 받았는데, 요즘은 알아서 서로 피하는 경우가 많아졌다.

수준이 다른 대학은 날짜가 겹쳐도 크게 걱정할 필요가 없다. 예를 들어 서강대와 동국대가 논술시험 날짜가 겹친다고 해도, 수능 후에 논술시험을 치르므로 수능 성적을 보고 합격 가능한 대학을 골라서 응시하면 된다. 수능 점수가 동국대 이상 지원할 정도로 나왔으면 서강대를, 이하로 나왔으면 동국대를 보러 가는 식이다.

사교육보다 멘탈 관리　　　수능 후 논술은 멘탈에서 많이 결판난다. 많은 대학이 수능 직후 논술시험을 본다. 목요일에 수능시험 보고, 금요일에 가채점하여 예상 등급 확인하고, 토요일에 논술시험을 치른다. 2018년 같은 불수능을 겪으면 멘붕이 와서 결시율도 높고 답안지 성실성도 떨어진다. 모 대학 입학 관계자는 논술시험 경쟁률이 50대 1이어도 실질경쟁률은 5대 1 이하라며 이렇게 설명했다.

"수능 최저 못 맞춰서 결시하는 학생 빠지면 40대 1,* 다른 대학 시험 보러 가서 결시하는 학생 빠지면 30대 1, 마음 못 잡고 엉터리로 답안지를 써 내고 나가는 학생들 빼면 10대 1, 답안을 작성해도 기출문제 풀이 같은 준비를 전혀 하지 않고 와서 응시한 학생들 빼면 5대 1. 결국 전날이라도 논술시험에 대비해 뭐라도 하고 와서 진지하게 응시하는 학생은 5대 1도 안 될 겁니다."

그런 의미에서 수능 후 논술은 수능 다음주에 시험을 치르는 대학보다 수능 직후에 시험을 치르는 대학에서 대박이 날 가능성이 높다. 물론 멘탈 관리를 얼마나 잘할 것인가가 중요하지만.

논술 준비는 사교육 의존도가 높다. 교육 당국이 사교육비 경감을 위해 지속적으로 논술전형을 줄이고 교과전형과 종합전형을 늘리는 이유가 여기에 있다. 학부모들 사이에서도 "어느 어느 논술학원이 좋다더라"는 '정보력'이 굉장히 강조된다. 하지만 지금까지 필자가 지도해 본 경험에 따르면, 논술학원이 합격/불합격을 좌우한다고 보기는 어렵다. 대부분의 논술학원이 비슷한 방식으로 지도하며, 같은 학원에서도 합격자와 불합격자가 많이 갈리기 때문이다.

---

* 수능 예상 등급 컷은 모의고사 예상 등급 컷에 비해 1~2점 정도 오차가 날 가능성이 높다. 따라서 그 정도 미달로 최저를 맞추지 못할 것 같다면, 논술을 보러 가는 것이 옳다.

지금까지 합격자들을 보면, 문과는 중학생 때부터 독서를 많이 한 학생, 이과는 수학 잘하는 학생이 주로 합격했다. 그리고 성적과 많이 일치했다. 이과뿐만 아니라 문과도 수능 성적과 논술 합격 가능성이 비례하는 경우가 많다. 필자가 맡은 학급의 논술 합격자들은 공통적으로 합격한 대학 정시 커트라인과 비슷한 모의고사 성적, 혹은 수학이나 국어 1등급을 받은 학생들이 많았다. 특히 사회과학 계열 합격자들은 수학 1~2등급 학생들이 많았다.

논술 대박 뒤에는 '꾸준한' 준비

많은 논술 지도교사들이 표현하듯, 논술은 1천 자짜리 서술형 주관식 시험이라고 생각하면 된다. 공부 잘해야 하고, 지식이 풍부해야 한다. 특히 문과 논술은 독서량과 통찰력이 요구되므로, 어설픈 글솜씨 자랑하는 학생치고 합격한 사례가 거의 없다. 어떻게 보면, 논술 합격자야말로 중학교와 고1 때 거의 결정난다고 생각한다.

그럼에도 사교육을 많이 받는 이유는, 글을 쓴다는 것은 꾸준한 연습이 필요하기 때문이다. 60분 안에 1천 자, 120분 안에 2천 자의 글을 쓰는 일은 보통 어려운 일이 아니다. 본교 교감 선생님은 이렇게 말하기도 했다.

"무조건 학생들에게 쓰기 연습을 시키세요. 요즘 애들은 스마트폰에 익숙해서 연필이나 볼펜을 쥘 손가락 힘이 없습니다. 120분

동안 펜을 쥐고 있지 못해 논술에서 떨어지는 애들도 많다네요."

'사교육은 관리'라는 말도 있지만, 논술학원의 역할은 꾸준히 학생을 관리하고 글을 쓰는 연습을 시키는 일인 것 같다. 최근 합격자들 중에 꾸준히 1년 동안 학원을 다닌 학생들이 좀 있었는데, 상담하면서 이런 질문을 받곤 했다.

"솔직히 수시로 대학 갈 내신이 아닌데 논술학원을 다녀야 할까요?"

"다니고 있는 학원이 있으면 그냥 다녀. 논술 대박은 모르겠지만 국어 성적에는 도움이 되겠지."

학원에서도 꾸준히 다닌 학생은 합격 사례가 많지만, 수능 직후 개설하는 파이널 과정만 참가한 학생의 합격률은 높지 않다고 말했다. 올해 본교 논술전형 최고 대박도 국어 실력 향상을 위해 꾸준히 논술학원 다니면서 학교 국어 수업 열심히 들은 학생이었다. 논술만큼 꾸준한 준비를 요구하는, 그만큼 준비하기 어려운 전형도 없을 것이다.

'논술 대박'이란 말은 내신 성적과 일치하지 않는 합격자가 많다는 의미다. 그러나 모의고사와는 많이 일치하는 편이어서 종합전형과는 정반대의 경향을 보인다. 종합전형은 내신과 학교 생활에 충실해야 하지만, 수능 성적과의 일치성은 다른 전형에 비해 떨어지기 때문이다.

그러니 학생의 상황과 성향을 파악하고 그에 맞게 지원하고 준

비하는 것이 옳다. 하지만 모든 대학 입시에는 절대적 원칙이 있
다. 꾸준히 준비한 자만이 합격할 수 있다는 것.

6종이냐, 3종 3논이냐

개인적으로는 '6종'이나 '6논' 둘 중 하나에 올인할 것을 권한다. 수시 원서는 한 학생이 총 6장을 쓸 수 있다. '6종'은 수시 원서 6장을 모두 종합전형으로 지원한다는 뜻이다. 보통 내신과 생기부가 모두 준비된 상위권 학생들이 선택한다. '6논'은 수시 원서 6장을 모두 논술전형만 지원하는 것으로, 내신은 나쁜데 수능 고득점이 기대되는 학생들이 많이 선택한다. 본교의 경우 내신은 3점대인데 모의고사가 전 과목 1등급인 경우 6논을 많이 권한다. 그런데 최근 2~3년 사이에 3논 3종을 쓰는 아이들이 늘고 있다. 이것은 무슨 의미일까? 명문대가 아니면 재수를 선택하는 상위권 학생들이 많아지고 있는 것이다.

3종 3논에 담긴 전략 ⋯⋯⋯⋯⋯⋯ 6종을 쓰는 경우는 이렇다. 예를 들어 자사고인 본교에서 내신이 2.5정도 나오는 학생이 있다. 그러면 중앙대를 마지노선으로 잡고, 그 위로 성균관대·서강대·한양대·고려대·연세대 5개 대학을 종합전형으로 지원한다. 실제 목표는 성균관대이며, 중앙대는 재수 방지용으로 쓴다. 이런 경우도 있다. 내신이 2.2인 학생인데 고려대, 연세대 2개 전형(면접형과 활동우수형), 성균관대, 서강대, 한양대 총 6개를 쓴다. 혹은 고려대, 연세대 2개 전형, 성균관대, 서강대 2개 전형(자기주도형과 일반형)으로 6개 전형을 쓴다. 서울대, 연세대 3개 전형, 고려대 이렇게 5개 전형을 쓴 경험도 있다.

그런데 최근에 3종 3논이 등장했다. 내신이 2.5인 학생이 성대 논술, 서강대 논술, 한양대 논술, 고려대 종합, 성균관대 종합, 서강대 종합 이렇게 쓰는 것이다. 앞의 사례와 비교해 보면 그 차이가 분명하게 드러난다. 하향 지원을 하지 않고 떨어지면 재수하겠다는 의지다.

30년 전 학력고사 시절 대입 지원은 단순했다. 배치표를 놓고 학생이 받은 점수에 해당하는 대학에 지원하는 방식이었다. 340점 만점에 300점 넘으면 서울대, 270점 넘으면 연고대, 230점 넘으면 서울 소재 4년제 대학, 이런 식이었다. 경쟁률에 따라 커트라인이 1~3점 정도 오르내리므로 인기학과와 비인기 학과를 두고 눈치작전을 벌이기는 했지만 그 이상의 전략 전술은 없었다.

하지만 지금은 대단히 복잡하다. 수시 6개, 정시 3개. 총 9개 대학 및 전형을 지원할 수 있다. 정시도 3개를 지원하기 때문에 30년 전 눈치작전과는 비교할 수 없이 복잡하다. 어느 정도 복잡한가는 사교육의 입시 상담만 보아도 알 수 있다.

5년 전만 해도 공교육보다 사교육이 예측한 커트라인이 낮은 편이었다. 꼭 보내겠다는 학교와, 원하는 대학에 최대한 가깝게 지원하도록 하는 학원의 입장 차이라고 볼 수 있다. 그런데 최근에는 사교육이 공교육보다 커트라인이 높은 편이다. 2018년 불수능의 해, 학교에서 사용하는 교육청 상담 프로그램의 예측 커트라인이 모 사교육 예측 커트라인보다 5점 이상 낮아서 아이들이 두 번 절망했다며 필자에게 호소하기도 했다. 사교육이 공교육보다 더 신중해졌다는 것이 무엇을 의미하겠는가? 그만큼 예측 불가라는 것이다.

수능 점수를 받고 그것으로 지원 전략을 짜는 정시도 이 정도인데, 생기부나 자소서처럼 숫자화할 수 없는 실력을 기준으로 지원 전략을 짜야 하는 수시는 얼마나 복잡하겠는가? 그러니 암호 같은 전략 전술이 나올 수밖에 없는 것이다.

스펙 관리를 엄마가 해야 하나?

종합전형 스펙 관리를 엄마가 하는 것은 바람직하지 않다. 종합전형의 취지와도 맞지 않고, 전형의 핵심인 자기관리, 자기주도에도 역행하는 일이다. 그럼에도 불구하고 많은 엄마들이 스펙 관리를 해 주고, 그것이 합격에 큰 힘이 되었다고 믿는다. 그 이유는 아이들이 자신의 활동을 관리하지 못하기 때문이다. 당장 진로 선택조차 아이들이 하지 못한다. 고교에서 진로 진학 지도를 하며 가장 답답한 것은 충분한 정보가 없다는 것이다. 아이가 게임 관련 진로를 원한다고 할 때, 관련 학과가 무엇인지, 관련 직업은 어떤 것이 있으며 근로조건과 임금은 어느 수준인가 등에 대한 정보가 없다.[●]

● 정부는 이 문제를 해결하기 위해 진로상담부(진상부)를 의무적으로 설치하도록 했다. 그러나 많은 학교의 진상부는 진로 지도가 아니라 진학 지도, 즉 대학 입시 상담 부서로 변질되었다. 성적과 생기부를 보고 진학할 학과와 대학을 결정하는 부서로 말이다. 심지어 진상부가 자소서 지도를 전담하는 학교도 있다고 한다.

자기관리의 출발은 메모

많은 부모들이 아이들에게 "네가 원하는 일을 해라"라고 하는데, 한국의 현실에서 이는 방임 혹은 방치다. 아무 정보도 없는데 어떻게 원하는 일을 준비할 수 있겠는가? 그래서 고3 담임하면서 부모 직업을 물어보는 버릇이 생겼다. 진로에 대한 정보가 없다 보니 아이가 결국 아버지 직업을 따라가는 경우가 많았기 때문이다.

진로가 막연하니 스펙 관리가 될 리 없다. 그저 명문대 진학에 유리하다는 활동들만 맹목적으로 한다. 1학년 때는 이과 쪽을 기웃거리다가, 계열을 선택한 뒤에는 경제나 생명 관련 활동을 하고, 봉사활동 열심히 다니고, 소논문 활동에 무조건 참가하고…. 물론 스스로 생각해서 하는 것이 아니라 친구가 주는 정보나 엄마가 시켜서 하는 경우가 많다. 그래서 결론은 남는 것이 없다. 3학년 올라가면 인기학과는 합격률이 낮아서 문제고, 비인기학과는 생각해 본 적도 없는 과여서 문제고, 적성에 맞는 진로는 여전히 모르겠고…. 당장 자소서를 써야 하는데 '동기—과정—심화? 동기가 없는데 과정과 심화가 어디 있나? 다 소설이지. 멘붕, 멘붕, 멘붕이다.

억지로 과를 정해 종합전형 지원을 준비해도 당장 자소서를 작성하려면 어떤 활동을 써야 할지 막막하기만 하다. 2년 전인 1학년 때 한 활동? 독서? 아무것도 기억나지 않는다. 1학년 동기, 2학년 과정과 심화라는데, 떠오르는 대로 쓰다 보면 2학년 동기 1학년 심화라는 이상한 스토리가 나온다. 담임과 학생은 한숨 쉬며 서로 얼굴만 쳐다볼 뿐….

이럴 때 그 활동을 추천해 준 엄마의 기억에 의존한다. 봉사활동은 엄마와 아이가 함께하는 경우도 많다. 결국, 엄마가 스펙 관리를 한 경우 3학년 자소서와 지원 전략까지 엄마가 개입하지 않으면 안 되는 상황이 된다. 그나마 엄마가 관리해 준 경우가 이렇지, 그렇지 않은 아이는 정말 막막해진다. 이런 실패 사례들이 엄마들에게 경고가 되어 날아가면서 "스펙 관리는 엄마가 해야 한다"는 말이 나오지 않았을까?

종합전형을 준비하는 아이들에게 어려운 점이 두 가지 있다. 하나는 시간이 지나면 잊어버린다는 것이고, 또 하나는 정시와 종합전형 사이에서 갈팡질팡하는 것이다. 학원과 학교, 공부와 활동 사이에 끼여 쥐포처럼 짜부라진다. 입시를 지도하는 교사들이 종합전형을 비판하는 가장 큰 이유 중 하나가, 바로 아이들이 느끼는 압박감이다.

자기주도는 좋은 습관 그래서 필자는 아이들에게 꼭 메모하거나 일기를 쓰는 습관을 들이라고 충고한다.* 특히 1학년 때

---

* 요즘 아이들은 학습플래너라는 것을 작성한다. 학교에서도 제공하고 학원에서는 숙제 검사하듯 시키기도 한다. 그런데 대부분의 학생들은 학습플래너를 수능 대비용 공부 플래너로만 활용한다. 사실 수시에서 더 큰 힘을 발휘할 수 있는 것이 플래너이다.

했던 활동은 전공에 대한 확신 없이 수행한 것이 많고, 시간도 많이 지나서 메모해 두지 않으면 기억이 나지 않는다. 자소서 지도를 하는데 한 학생의 봉사활동 관련 내용이 너무 추상적이어서 계속 재작성을 지시했다. 봉사를 하며 문제의식을 느꼈다면서 활동 내용이 어떻게 없을 수가 있지? 그 문제를 가지고 보름 동안 신경전을 벌였는데, 마침내 아이가 기억해 냈다. 2년 전 블로그 만들기가 유행일 때 아이가 블로그를 만들어 같은 고민을 가진 사람들과 소통했던 것이다. 인터넷에 들어가 확인해 보니 과연 2년 전에 만든 블로그가 있었다. '어떻게 그런 것을 잊어버릴 수 있을까?' 싶겠지만, 요즘 아이들은 너무 바빠서 그런 일이 비일비재하다.

메모란 그날그날의 활동을 소감과 함께 간단히 기록하는 것이다. 필자는 기왕 할 바에야 일기를 쓰라고 권한다. 일기는 훌륭한 논술 연습이기도 하다. 짧은 시간 동안 여러 문장의 글을 쓰는 능력도 많은 훈련을 통해 가능하다. 아이들에게 많이 아쉬운 것이, 작은 활동들도 쌓이면 나중에 모여 큰 성과를 이루는데 그런 사소한 활동들을 놓치는 것이다. 그래서 뒤늦게 논술학원 다니고, 독서도 새로 하고, 했던 활동도 다시 하는, 발전 없는 반복을 하며 시간을 허비한다. 그것이 참 안타깝다.

정시와 종합전형 사이에서 느끼는 압박은 사실 멘탈 관리의 일환인데, 둘을 굳이 구분해서 준비할 필요가 없다. 특히 1학년보다 2학년, 2학년보다 3학년이 더 그렇다. 3학년은 상위권으로 갈수록 사교육 의존도가 떨어진다. 이는 학부모들도 동의하는 사실이다. 학교 생활에 충실하고 학교 수업과 예습, 복습을 성실하게 하면 수능도 대비하고 수시도 대비할 수 있다. 사교육은 어디까지나 학교 수업에 집중하지 않고 복습을 게을리하는 아이들에게 필요한 것이다. 다만, 요즘 선행학습이 워낙 유행이라서 1학년은 부족한 부분을 학원에서 보충할 필요도 있다(선행학습의 문제는 뒤에서 다루겠다). 그러나 과도하게 사교육에 의존하면 결국 아이는 두 군데 교육기관, 즉 학교와 학원을 동시에 다니는 셈이니 자기 공부할 시간을 빼앗기고, 활동할 시간도 부족하고 심지어 잠잘 시간도 부족한 우울하고 불쌍한 18세 청소년이 된다.

필자가 학부모로서 사교육을 겪으며 가장 크게 느낀 것은, 중학교 때 공부 습관을 잘 들여야 한다는 것이다. 많은 부모들이 이런저런 이유로 중학교 때부터 사교육에 의존하는데, 그러다가 자기주도적 공부 습관을 만들지 못하면 고등학교에서는 정말 '노답'이 된다. 특히 맞벌이 부부는 당장 퇴근이 늦으니 저녁 시간에 아이를 학원에 보내곤 하는데, 선험자로서 지양하기를 충고한다. 공부 안 하는 아이를 열심히 하게 만들 수는 있지만, 습관이 잘못 형성된 아이를 고치는 것은 정말 힘들다.

아이가 자기주도성이 없는 것을 어떻게 알까? 성적표 수행평가 란을 보면 안다. 수행평가 만점이 안 나오는 학생들은 학교 활동을 스스로 챙기지 못하는 학생이다. 부모들은 종종 '수행평가에서 중

하위권은 차별받지 않을까? 상위권은 무조건 만점을 준다더데?라는 의심을 갖는다. 하지만 꼼꼼히 확인해 보면 아이들이 놓치는 경우가 많다. 기한 내에 보고서를 내지 못하고, 발표 준비를 제때 하지 못하고, 인터뷰나 작문 평가일을 잊어버리고 준비하지 않은 채 오는 아이들이 많다. 반복해서 강조하지만, 아이들은 정말 할 일이 많다. 학원도 다니고 숙제도 하고 동아리도 하고 소논문도 작성하고 수행평가도 준비해야 한다. 학교 생활에 웬만큼 충실하지 않으면 놓치게 되어 있다. 학원 수업과 숙제가 많은 학생들은 더욱 그렇다. 성적이 나빠서 학원에 보냈는데 그것이 너무 힘들어 학교 활동, 특히 수행평가를 펑크 내서 내신을 망치는 악순환의 고리에 빠져드는 경우가 너무나도 많다. 이것은 정말 알고도 당하는 상황이다.

수시와 정시를 따로 준비하는 것은 대단히 어려운 일이다. 학교 생활에 충실하고 학교 수업에 충실해야 수시와 정시를 동시에 준비할 수 있다. 사교육에 의존해 정시에 올인해서 대학에 보내는 것보다 어려울지도 모른다. 그러나 학부모 중 어느 하나에 올인할 강심장이 얼마나 될까?

22

특별전형은 어떤 것이 있나?

대입과 관련해 다음과 같은 전설 같은 이야기가 떠돈다. '내신 6등급인데 서울 소재 4년제 대학에 들어갔다' '내신 4등급인데 명문대를 갔다' 등. 이런 경우는 두 가지 케이스다. 하나는 논술 대박, 또 하나는 특별전형이다. 논술전형은 앞에서 살펴봤으니, 특별전형에 대해 이야기하겠다.

대개 한두 명 뽑는 기초전형 특별전형은 크게 기초생활수급자, 사회배려대상자, 종교추천, 어학특기자 네 가지로 나뉜다. 기초생활수급자 전형은 사회배려대상자 전형에 포함되지만 분리해서 모집하는 경우가 많다. 2018년 서울대는 기회균등전형에서 기초생활수급자를 따로 선발했고, 경희대는 고른기회전형 I과 II를 나누어 기초수급자의 입학 정원을 따로 배정했다.

기초생활수급자 전형(기초전형)에는 차상위계층, 한부모가정이 포함되는데 대학마다 차이가 있으므로 모집요강을 보고 자격 기준을 확인해야 한다. 고등학교에서 학비 지원 대상으로 지정하는 차상위계층이나 한부모가정의 기준과 다를 수 있으므로 '반드시' 확인해야 한다. 어쨌든 핵심은 국가로부터 저소득층으로 판정을 받아 각종 경제적 지원을 받는 가정의 자녀다.

기초생활수급자 전형은 대상자가 적고 합격 커트라인도 낮은 편이어서 일반전형보다 비교적 낮은 내신으로 입학할 수 있다. 학교마다 차이가 있겠지만, 본교는 일반전형 지원 학생보다 내신 성적을 1.0 정도 낮게 잡는다. 즉, 내신 3.5로 지원할 수 있는 대학이라면 기초전형은 4.5까지 가능하다고 본다. 2등급대 내신으로 서연고를, 3등급대라면 서성한에서 중경외시까지 노릴 수 있고, 5등급대도 홍익대·국민대를 노려볼 수 있다. 누군가는 이를 역차별이라 비판할지 모르지만, 기초전형을 지도해 본 교사는 잘 안다. 이 아이들이 얼마나 힘들게 학교 생활을 했는지를.

몇 년 전 기초전형 대상인 한 학생을 지도하는데 생기부가 깨끗했다. 내신 성적이 낮아서 본인도 학부모도 종합전형에 지원할 생각을 하지 못했다. 동네 학원만 다닐 뿐 대치동은 꿈도 꾸지 못했고, 등록금 부담 때문에 전문대*에 진학해야겠다고 마음먹고 있어

---

* 전문대가 등록금이 싸다는 착각을 하는 경우가 많다. 요즘 전문대는 대부분 3년제

서 동기 부여도 부족했다.

자사고에 온 것은 등록금이 전액 지원되는 데다 일반고보다 수업 수준이 높을 것이라고 생각했기 때문이라고 했다. 그런데 고등학교에 입학하자마자 문화적 충격을 받았다. 치열한 내신 경쟁, 생각보다 높은 중상위권 학생들의 수준, 어려운 내신 시험…. 1학년 내내 울고 다녔고 몇 번이나 전학을 고민했다. 아이에게는 학교 적응 자체가 큰 과제였다. 1학년 담임선생님을 잘 만난 것이 그 아이에게는 행운이었다.

3학년 올라와 첫 상담을 하면서 종합전형에 지원해 보자고 하자 본인이 깜짝 놀라며 가능하겠냐고 되물었다. 아무리 깨끗한 생기부라도 학생의 관심이 반드시 들어 있기 마련이다. 외국어 관련 활동이 눈에 띄었다. 상담하면서 장차 뭘 해서 먹고살까를 이야기하기 시작했다. 성격도 내성적이고 감성이 예민했다. 회사 생활에 적합할 것 같지 않았다. 번역가는 어떨까? 외국 소설을 한국어로 번역하거나, 한국 소설을 외국어로 번역하는 것도 좋을 것 같았다. 처음 세웠던 무역회사 취업 진로를 번역으로 바꾸었다.

자소서는 무조건 솔직하게 쓰라고 했다. 내신 낮은 아이가 미사여구를 동원해 써 보았자 뻔히 보이는 미화였다. 그래도 수학보다는 국어가 좋았고, 영어보다는 중국어가 좀 더 쉬웠고, 기회만 준

인 데다 등록금이 꽤 비싸서 4년제를 다녔을 때 드는 비용과 큰 차이가 없다.

다면 뭐든지 적응해서 그 소중한 기회를 꼭 살리고 싶다고…. 솔직히 담임이 써 주면 더 절절하게 썼겠지만 필자는 그런 성의(?)는 없어서 솔직하지 않아 보이는 부분만 고치라고 조언했다. 다행히 서울 중하위권 대학 3곳을 지원해서 2곳에 합격했고, 본인이 원하는 대학을 선택했다. 물론 그 뒤에도 취업 준비를 위해 많은 눈물을 흘리고 있겠지만.

이 아이는 어떻게 합격할 수 있었을까? 기초전형은 다른 전형에 비해 경쟁률이 낮다. 물론 그렇다고 아주 쉽다는 뜻은 아니다. 대부분 모집 인원이 0.5~2명 사이다. 0.5명은 2개 모집 단위에서 1명을 뽑는다는 뜻이다. 지원자 중에 공부 잘하는 1명이 있으면 아무리 서류와 자소서 내용이 좋아도 합격할 가능성이 없는, 우연에 많이 좌우되는 전형이다. 그럼에도 경쟁률이 다른 종합전형의 절반 정도이기 때문에 아무래도 합격률이 높고, 기초수급자 학생들의 내신 성적이 전반적으로 낮은 편이어서 소위 대박이 가능하다. 역으로, 한국 입시제도가 저소득층에게 얼마나 불리한지 잘 보여 주는 것이 이 전형이다.

기초전형 지원 학생들은 몇 가지 핸디캡을 갖고 있다. 늘 눈치 보는 데 익숙한 아이들이다. 다른 아이들이 거리낌없이 학원에 갈 때 등록금 지원받으면서 학원 다닌다고 손가락질 당한다. 흔하게 갖고 다니는 스마트폰도 이 아이들이 갖고 다니면 나랏돈 받아서 애한데 핸드폰 사 준다는 비난이 따른다. 누구는 부모 잘 만나 비싼 것 갖고 다녀도 되지만, 이 아이들은 가난한 부모 둔 덕에 뭘 갖고 다녀도 나랏돈 훔친 사람으로 구박받는다. 아직도 저소득층 학생에 대한 사회적 편견이 심해서 아이들이 많이 위축되어 있다. 나랏돈으로 생활비 쓰고 자기가 번 돈으로는 유흥비에 쓴다는 식의 시선 때문에 자기 투자에 소심하고 사생활도 오픈하지 않으려 한다. 기초전형 대상자라는 것이 주위에 알려지는 것도 꺼린다.

게다가 이 학생들이 항상 기초 대상자인 것도 아니다. 기초 대상 판정을 해마다 하기 때문에, 다행히 집안 형편이 조금 나아지면 기초 대상에서 제외되고 그러면 특별전형 대상자가 될 수 없다. 학생이 기초전형 대상자인지 아니지는 고3이 되는 해 3월에 지역 주민 센터에서 기초 대상자 판정 여부를 통보받아야 확정된다. 그때는 이미 종합전형 준비를 마무리할 시점이니, 만약 그때 대상자에서 제외되면 말짱 도로아미타불이 되는 것이다. 자식의 대학 진학을 위해서는 계속 가난하기를 기원해야 하는 슬픈 전형이다. 실직 상태의 아버지가 취업해 온 가족이 기뻐하면서도 자식 진학 걱정을 새로 시작하는 집안을 종종 보곤 했다.

이런저런 핸디캡 때문에 기초전형 대상 학생들은 종합전형 준비를 충실히 할 수 없다. 그래서 막상 고3 올라와서 종합전형 준비를 하면 막막할 때가 많다. 그나마 다행인 것은 대부분 사정이 비슷하고, 또 요즘은 동아리나 과세특 등 학교 생활 자체가 종합전형 준비여서 예전보다 생기부가 좋다는 것 정도다.

기초전형은 정시에도 있기 때문에 수시에서 떨어져도 또 기회가 있다. 그러나 정시는 선발 인원이 매우 적고, 선발하지 않는 학교도 있어 수시보다 합격이 어렵다. 정시 선발 인원을 확대하자는 주장들이 많은데, 저소득층은 정시로 대학 가기가 정말 어렵다. 만약 정시 인원을 늘린다면, 저소득층 특별전형 선발 인원도 대폭 확대해야 할 것이다.

무조건 유리하지는 않은 사회배려자 전형

사회배려자(사배자) 전형은 기초전형 대상자를 제외한 각종 배려 대상자들을 위한 전형이다. 사실 담임 입장에서 가장 막막한 전형이다. 대학마다 조건이 천차만별이기 때문이다. 우선 대상자를 보면, 국가유공자와 농어촌 특별대상자가 대표적이고 이외에 탈북자, 장애인 등이 있다. 그런데 국가유공자라도 국가보훈법상 교육지원자여야 하기 때문에 해당자인지 확인해야 하고, 또 국가유공자 중에서도 독립유공자, 5·18 유공자, 고엽제 후유증 환자, 특수임무 유공자 등 대상이 다양해서 해당되는지 여부를 확인해야 한다. 유공자 전형이 없는 학교도 있다.

구체적으로 대상자들을 어떻게 묶어 선발하는지도 봐야 한다. 유공자와 장애인을 함께 묶어서 뽑느냐, 따로 뽑느냐에 따라 합격 가능성이 전혀 다르다. 아무래도 따로 뽑아야 경쟁률이 줄어든다.

또 전형이 있는 학교도 과나 학부에 따라 뽑지 않는 곳이 있어서 희망 학과에 선발 인원이 책정되어 있는지도 확인해야 한다. 한 마디로, 담임 개인적으로는 파악 불가다.

게다가 사회배려자 전형은 일반 종합전형에 비해 합격 기준이 특별히 낮지 않다. 대상자가 많고 경제적으로 어려운 가정이 아닌데 모집인원은 대개 1~2명이기 때문에 경쟁률에 따라서는 일반전형보다 불리할 수도 있다. 똑같이 경쟁률 5대 1이어도 사회배려자 전형은 1명 뽑는데 5명 몰리는 것이고 일반 종합전형은 5명 뽑는데 25명 지원한 것이니, 결국 사회배려자 전형은 특출나게 뛰어난 1명이 지원하면 나머지는 불합격인 셈이다. 그래서 사회배려자 전형은 일반전형과 똑같이 상담하면서 유불리를 따져 지원한다. 물론 내신 성적이 낮아 일반 종합전형 지원이 어려울 경우는 무조건 지원한다.

살아남은 어학특기자 전형은 예측 어려워

특기자 전형은 한때 '특목고 전형'으로 불렸다. 모 대학에서는 특목고 아니면 지원하지 않는 것이 좋다고 말하기도 했고, 교사들도 그렇게 생각했다. 심지어 '특목고–특기자 전형', '자사고–종합전형', '일반고–교과전형'으로 나누기도 했다. 예를 들어, 모 대학 일본어 특기자 전형 자격 기준이 일본어 어학인증시험 점수였는데, 커트라인이 너무 낮았다. 의아해서 물어보았더니 외고의 비일본어 전공자가 지원할 수 있도록 만든 전형이라는 대답이 돌아왔다.

그러나 요즘은 특기자 전형 자체가 대표적인 사교육 유발 전형으로 지목되어 대폭 축소되었고, 중하위권 대학에 어학특기자 전형이 유지되면서 자사고나 일반고도 도전해 볼 만해졌다. 그런데 서울 하위권 대학 어학특기자 전형에 지원할 것을 권유하면 고개를 젓는 아이들이 종종 있다. 이 전형은 지원자의 눈높이와 대학이 원하는 인재 수준이 일치하지 않아 상담에 상당히 애를 먹는다.

어학특기자 전형은 자신의 학업과 관련한 포트폴리오, 어학 실력을 입증할 활동, 외국어 관련 과목 내신 성적 등을 종합하여 판단한다. 자사고나 일반고는 지원 사례 자체가 많지 않아 합격 가능성을 예측하고 상담하는 것이 어렵다. 또, 1차 서류심사를 통과해도 2차 면접에서 많이 탈락해서 더더욱 대학의 의중을 가늠하기 어렵다. 그래서 수시 지원 때 어학특기자전형에 올인하는 것은 가능하면 말린다. 일단 필자의 경험으로는, 어느 정도 성적이 뒷받침되지 않는 한 비범한 어학 실력이 아니면 합격을 기대하기 어렵다.

과거에는 어학특기자 전형에서 대박이 터지는 경우가 종종 있었다. 과거 외고 학생을 위한 전형이었을 때, 외고 학생들은 서성한을 마지노선으로 잡고 중경외시는 잘 지원하지 않았다. 그런데 외고 지원자를 받으려고 내신을 거의 보지 않다 보니, 내신이 나쁘고 어학 실력이 뛰어난 중위권 학생들이 서성한이나 중경외시에 모험 지원을 하곤 했다. 예를 들어 5명을 뽑는데 외고 학생이 4명만 지원했으면, 남은 한 자리는 비슷한 처지의 자사고나 일반고 학생들의 경쟁이 되는 것이다. 그 한 자리를 차지한 일반고 학생이 바로 '대박'의 주인공이 된다.

'입시 전설'의 진원지, 재외국인 전형

그 외, 재외국인 특별전형은 외국에서 부모와 함께 고등학교 1학년을 포함, 일정 기간 이상 외국에서 학교를 다닌 학생을 대상으로 한다. 사실상 외국에서 가족이 최근 3년 이상 거주한 가정의 학생을 위한 전형으로, 한국 중·고등학교에 전혀 적응하지 못했기 때문에 따로 뽑는 것이다.

바로 이 전형이 많은 입시 전설의 진원지다. 내신 7등급이 서울대 가고, 내신 9등급이 연고대 갔다는 소문을 들었다면, 십중팔구 재외국인 전형이라고 생각하면 된다. 심지어 강남 명문고의 서울대 입학 실적 중 일부가 재외국인 특별전형이라는 소문도 있었다. 그러나 재외국인 전형은 대학에서 입시 안내할 때 따로 안내한다. 대학 입학처 홈페이지를 들어가면, 수시-정시-재외국인-편입으로 메뉴가 전개되는 것을 볼 수 있다. 그러니 재외국인전형 합격자를 대학 입학 관련 통계에 넣는 것은 반칙이다.

종교추천 전형은 주로 기독교와 불교 학교가 많으며 목사나 스님의 추천을 받아 지원한다. 동국대 불교추천인재 전형은 조계종 주지 스님이나 종립고교 교장의 추천을 받아 지원할 수 있다. 서울 여대 기독교지도자 전형은 교회 당회장이나 교목의 추천을 받은 학생이 지원할 수 있다. 그러나 서울여대는 신학과만 가능하고, 동국대도 모집하지 않는 과가 많은 등 제한이 많아 그리 인기가 높지는 않다.

아무래도 요즘 학생들이 종교와 엮이고 싶어 하지 않고, 독실한 신자인 경우는 일반 종합전형에서 신학과로 가는 것이 훨씬 유리하기 때문인지 지원 학생이 그리 많지 않다. 필자는 이 전형에 지원한 경험이 없다. 관심 있는 학부모는 대학 입학처에 직접 문의하여 관련 정보를 알아볼 것을 권한다.

23

예체능은 어떻게 해야 하나?

예체능 입시는 일반고는 수시보다 정시를 선호하며, 100퍼센트 사
교육의 몫이다. 그동안 학교의 예체능 수업은 사회적 압력 때문에
지속적으로 그 수준이 약해졌다. 예전에도 교양수업 수준이었는
데, 사교육 유발 요인으로 찍히면서[*] 평가가 점수 위주에서 패스-
논패스 수준으로 떨어졌고 수업 시수도 많이 줄었다. 많은 학교의
음미체 및 기술·가정 교사들이 과원[**] 상태로 고용불안에 시달리
는 실정이다.

---

[*] 수시가 강화되어 내신이 중요해지자 특히 명문대를 노리는 부모들이 예체능 사교
육을 시켰고, 이에 대한 부담이 많이 제기되었다. 그러나 예체능 과목을 내신에 포
함하는 학교는 소수의 명문대와 국립대여서 이런 비판을 의아해하는 사람들도 많
았다.

[**] 학교마다 고용할 수 있는 교사 정원이 있는데, 그 정원을 넘어서면 과원이라 한다.
과원은 교육과정이 개편될 때 가장 많이 발생한다. 이 때문에 고용탄력성을 보장할
계약직 교사(기간제 및 강사) 제도를 운영하고 있는데, 기간제 교사 비율이 점점 증
가 추세여서 교사 사회 역시 고용불안 문제가 심각해지고 있다.

하위권 학생들의 마지막 기회?

많은 음미체 교사들이 진학을 위한 방과후수업 및 동아리활동 지도를 맡는데, 대개 '1교 1교사' 상태에서 학생들 수업도 하고 따로 입시 지도까지 하는 것은 너무 벅차다. 체육교사=학생부장처럼, 수능과 직접 관련된 교사들의 부담을 덜어 주기 위해 음미체 교사들이 행정 업무를 많이 맡는 편이어서 더욱 힘들어한다. 많은 음미체 교사들이 만성과로로 병원에서 정기 진료를 받고 있다.

이런저런 이유로 학교에서 예체능 입시 지도를 하는 데는 한계가 많다. 그래서 결국 예체능 입시는 사교육의 몫이다. 그런데 이마저도 엄마의 정보력 싸움에 많이 의존한다. 여학생이 가장 선호하는 예체능은 미대이다. 필자의 경우 일반고 시절에는 한 학년에 20~30명씩 미대를 희망했고, 자사고인 현재도 10여 명 내외가 꾸준히 미대를 희망한다. 미대 진학을 희망하는 순간부터 미술학원에 등록해서 열심히 다니고, 대개의 경우 수학 포기는 기본이고, 학습량도 일정 수준으로 낮춘다.

2000년대 초에는 예체능은 수능을 따로 보았다. 그러나 7차 교육과정이 시행되어 예체능이 문/이과와 함께 수능을 보게 되면서 '점수를 깔아 주는' 처지가 되었다. 그러다 보니 성적 하위권 학생들이 고2 때 미대로 돌리는 경우도 생겨났다. 미대 지원을 위해 공부를 일정 포기하는 것이 오히려 하위권 학생들의 진학 기회로 오인받는 것이다.

하지만 미대 진학은 매우 어렵다. 일단 모든 대학에 미대가 있는 것이 아니다. 서울의 경우 4년제 대학 40개 중 미대가 있는 대학은 10여 개가 조금 넘는다. 대학 서열도 일반적인 대학 순위와 다르다. 홍대 미대가 1위, 서울대 미대가 2위이다. 국민대, 건국대, 서울과기대가 그 뒤를 잇고, 중앙대, 경희대는 순위가 낮다. 서울 소재 4년제 학교인데 미술대학은 지방캠퍼스에 있는 경우도 많다. 오히려 지방대(목원대)나 전문대(계원예대)가 더 핫하다고 알려져 있다.

문/이과 진학에서 외고나 특목고가 '넘사벽'이듯 음대와 미대는 예고가 넘사벽이다. 서울대 미대는 1차 합격자를 7배수 뽑는데 그 7배수조차 모두 예고가 차지한다고 한다. 예고를 나오지 않고 일반고에서 미술을 공부한 학생이 재수하지 않고 서울 5대 미대(홍익, 서울, 국민, 건국, 과기) 합격하는 확률은 서울대 정시에서 일반고 합격률만큼이나 낮다고 한다. 필자가 상담한 최근 미대 지원 학생 10여 명 중 재수하지 않고 이들 대학에 간 학생은 1명도 없었다. 사실 당연하지 않을까? 이미 고교 진학하면서 입시를 치렀고, 고등학교에서도 미술을 중심으로 공부한 예고 학생이 더 높은 경쟁력을 갖추는 것은.

그러다 보니 좋은 학원을 찾는 것이 아주 중요한 일이 되었다. 과거 미술학원의 메카는 홍대 앞이었는데, 지금은 강남이 중심이다. 오래전이기는 하지만 홍대 미대를 간 학생이 "좋지 않은 학원은 아무리 오래 다녀도 실력이 늘지 않는다. 수능 한 달 전이라도 학원을 옮길 수 있다면 옮기는 것이 좋다"고 단언했다. 지금도 예고 학생들과 경쟁하려면 그 말이 맞다고 생각한다.

많은 엄마들이 조금이라도 좋은 대학을 보내려고 미대로 진로를 옮기려 한다. 학생들도 성적이 오르지 않으면 그런 생각을 한다. 많은 맞벌이 부부들이 초등학생 아이를 미술학원이나 체육학원에 맡기곤 해서 미술 실력이 좋은 애들이 많다. 더군다나 4차 산업혁명 시대 가장 유망한 직업으로 디자인 계통을 꼽지 않는가. 혹하지 않는 게 오히려 이상하다.*

미대는 사교육, 체대는 인적성　　　　여학생이 미대라면, 남학생은 체대다. 체대는 타고난 체력과 운동신경이 많이 좌우해서 조건을 갖춘 학생은 준비하는 것이 어렵지 않다. 음대나 미대처럼 학원에 따라 당락이 좌우되지도 않고, 많은 시간이 필요하지도 않다. 요즘 아이들에게 하루 서너 시간 이상 운동을 시켰다가는 전부 나가떨어질 것이다. 실기시험도 어렵지 않다. 재능이 있는 학생은 수능시험 후 2개월 정도 학원에서 준비하고 합격한 사례도 많았다. 체대 입시 실기 준비에서 제일 중요한 것은 부상 방지이지 체력 단

---

* 실기를 보지 않는 미대도 있다. 몇몇 대학의 산업디자인과도 그렇다. 최근 미대 내에서 비실기전형이 늘어나는 추세이다. 그러나 비실기전형은 대개 커트라인이 높아서, 심지어 같은 대학의 일반 학과보다 높은 경우도 있다.

런이 아니다.

체대는 실기가 아닌 공부와 적성이 더 요구된다. 실기로 가를 수 없으니 성적순으로 합불을 결정할 수밖에 없다. 일반 학과의 커트라인과 10퍼센트 정도 차이가 난다고 생각하고 준비하면 안정적이다. 즉, 중앙대가 수능 95퍼센트라면 중앙대 체대는 85퍼센트 정도로 보면 된다. 물론 실기시험 성적에 따라 변동은 있다.

체대 정시는 대개 국어·영어·탐구 성적만 반영하기 때문에 수학을 포기하는 학생이 많다. 그러나 이화여대는 수학도 보기 때문에 수학 성적이 좋은 여학생, 특히 이과에서 체대를 지원하는 학생에게 유리하다. 물론 수학 반영 비율이 높은 것은 아니어서 다른 과목은 못하고 수학만 잘하는 학생은 당연히 어렵다. 또, 한체대는 내신을 많이 반영해서 학교 생활을 성실히 한 학생들에게 유리하다.

체대는 지금도 선배들의 구타와 기합으로 종종 물의를 일으키지만, 원체 선후배나 교사와 학생 사이가 엄격하고 육체적인 면이 강조되는 문화 때문에 인적성이 매우 중요하다. 좋은 체대를 보내도 자퇴하고 나오는 학생들이 종종 있었다. 그래서 체대 지원 학생은 담임의 눈이 정확한 경우가 많다. 체대 지원 학생들은 학교 활동에 헌신적이고 담임이나 교사에게 예의가 바르며 단체활동 적응력이 좋다. 담임들도 체대 지원 학생들은 인정하고 믿고 맡기는 경우가 많다. 반대로 그런 면에서 좋은 평가를 받지 못하는 학생은 실기에서 많이 떨어지고, 심지어 진학을 해도 부적응으로 애를 먹곤 한다. 체대만큼 인적성이 중요한 진학 지도도 없는 것 같다.

가능한 빨리 결정하는 게

예체능은 타고난 소질과 적성이 중요하다. 그래서 이미 중3 때 대학 진학이 결정나는 경우가 많다. 부모는 고교 입학 전에 미리 살펴서 결정해 주는 것이 좋고, 늦을수록 대학 지원이 어렵다는 것을 명심해야 한다. 많은 엄마들이 중3 때 말리다가 고교 2학년 때 뒤늦게 진로를 예체능으로 잡는데, 실패의 지름길이다.

그럼에도 불구하고 예체능 희망 학생들의 뒤늦은 결정을 번복시키는 것은 어렵다. 타고난 능력에 따라 좌우되는 면이 있어서 늦게 시작해도 성공하는 사례가 있기 때문이다. 물론 그런 타고난 소질은 그 분야 전문가들 눈에 보이지 평범한 교사 눈에는 보이지 않는다. 그래서 꼭 하고 싶다면 말릴 수 없다. 음악은 더더욱 그런 것 같다.

끝으로 첨언하면, 예체능은 사교육 비중이 높은 데 비해 당국의 예체능 사교육 관리 감독은 부실한 것 같다. 고3 가을이 되면 학원에서 학교에 등교하지 말라고 공공연히 요구하고, 수능을 보고 난 11월 하순이 되면 모든 예체능학원이 오전반을 편성해서 학교에 가지 못하게 한다. 학생들도 무단결석 20일 정도는 대수롭지 않게 여긴다. 이 과정에서 아이들은 학원과 학교의 공백 지대에서 무방비 상태가 된다. 6주에 가까운 기간 동안 아이들이 학교에 나오지 않는데, 학원은 학생 안전지도에 대한 어떠한 책임도 지지 않고 학교와 연락을 취하지도 않는다. 그나마 요즘은 학교에 학생 안전을 책임지겠다는 각서를 써 주는 학원도 있지만, 그런 각서는 어떠한 법적 구속력도 없다.

학원이 학교 등교를 막을 권리는 없다. 그런데 그렇게 등교를 포기하고 6주 동안 집중적으로 교육을 시켜도 아이는 결국 예고나 재수생에게 밀려 대학에 떨어지고 재수한다. 합격을 위해 학생도 학원도 절박하고, 그런 가운데 학교는 아이에 대해 무방비 상태가 된다. 누구를 비난하는 것이 아니라 뭔가 합리적 대안이 필요하지 않은가, 한국 사회의 예체능 경시(?) 혹은 무관심은 너무하지 않은가, 이런 생각이다.

종합전형을
둘러싼
논쟁

24

정시로만 선발하면 안 되나?

종합전형과 관련한 기사 댓글을 보면, 수시 폐지하고 정시로만 학생 선발하자, 즉 수능시험만으로 선발하자는 주장이 많다. 지금 학부모인 60년대, 70년대 초반생들은 모두 학력고사를 통해 대학에 진학한 세대다. 시험 한방으로 결판내는 데 익숙한 세대여서 그런 주장이 더 강한 것 같다. 그러나 시험만으로 학생을 선발하는 입시제도는 그 부작용을 충분히 겪었기에 돌이키기 어려울 것이다.

그 시절의 교실 풍경을 잊었던가 우선 시험은 머리 좋은 학생, 아이큐 높은 사람에게 절대 유리하다. 꾸준한 공부보다는 타고난 머리가 승부를 가른다. 필자가 대학에 입학해서 가장 놀란 것이, 많은 학생들이 고교 시절 음주·흡연·연애 등을 경험한 것이었다. "3학년 때 1년만 죽어라 공부하면 되지. 대학 가는 게 뭐가 어려워?"라고 말하는 사람들도 많았다. 아무리 출제방식을 다양하게 해도 결국 암기력 좋은 학생이 절대 유리한 것이 시험이다. 필자는 수학이 너무 어려워서 고민하다가 아예 《수학의 정석》을 통째로 외워 버렸다. '수학 정석'과 '성문 종합'을 외워 버리니 학력고사를 정복할 수 있었다. 지금도 마찬가지다. 과거 국사가 서울대 필수과목이던 시절, 서울대급 학생들에게 한국사를 가르치면 교재를 통째로 외운 애들이 많았다. "선생님, 그 사진은 수능 특강 ○○페이지 왼쪽 하단에 있어요." 하는 식이다. 그러나 암기력만 좋은 사람이 '인재'일까?

시험 중심 입시체제는 학교를 파행으로 만든다. 한국사가 선택이었을 때 한국사 수업은 파행의 연속이었다. 한 학급 60명을 여덟 줄 정도로 앉히면 앞에 두 줄만 수업 듣고 셋째 줄부터는 모두 영어나 수학 공부를 했다. 80년대 중반 선택과목제가 시작된 이후 이과는 국어, 문과는 수학이 마찬가지로 파행이었다. 교육부가 어떻게 교육과정을 짜든 어차피 현장은 "고등학생은 수영(수학, 영어)을 잘해야 해"라는 말이 지배했다.

동아리는 방송반과 연극반을 제외하면 모두 '자습반'이었다. 음악·미술·체육은 퇴출 과목 1순위였고, 특히 2, 3학년 체육은 무조건 자습이었다. 학교에서 인성 관련 교육(예를 들어 성교육 특강) 같은 것을 하면 민원전화가 빗발쳤다. 왜 공부 안 하고 쓸데없는 짓

하냐고. 수학여행 같은 단체활동도 일부 상위권 학생들은 공부에 방해된다며 빠지곤 했다. 학교에서 가장 학부모에게 비난받았던 것은 바로 '독서' 지도였다. 참고서 이외의 책을 읽게 하는 행동은 강심장 아니면 어려운 일이었다.

시험 중심 교육체제는 무조건 오래 잡아 놓고 교육시키는 것이 으뜸이다. 야간자습은 무조건 강제였다. 담임의 능력은 야자 인원과 비례했고, 야자 인원이 적은 담임은 교장실에 불려가 호되게 야단을 맞았다. 언론 등에 보도된 당시 교장들의 질책이 "학생 망치는 교사" "너 전교조냐?" 등이었다.

암기가 중요하기 때문에 쪽지시험 보고 틀린 개수대로 숙제를 내거나 체벌을 했다. 필자는 쪽지시험을 정말 싫어했는데 교장선생님이 답답해하며 "젊다고 고집 부리지 말고 선배들의 충고를 들어라"라는 말까지 했다. 수시로 쪽지시험 보고 결과에 따라 아이들을 남기고 야단치고 때리고…. 그런데 안 할 때보다 했을 때 아이들이 선생님을 더 좋게 보는 것 같아 가슴이 아팠다.

족집게가 인기였다. 80년대 한샘 국어학원의 "밑줄 쫙"이 유행이었을 만큼 교사들의 능력은 수능적중률로 판가름났다. 수능 문제를 예측하기 위해 그동안 출제된 문제들을 통계 내고 출제진들의 성향을 알아내려고 정보 수집에 열을 올렸다. 특히 10월이 되면 갑자기 대학교수들이 휴가를 내는데 십중팔구 수능 출제진이었고, 교수의 전공에 따라 문제 예측이 가능해서 서울대·고려대 사범대

교수들 동향은 최고급 정보였다.

　정시는 사교육 의존도가 매우 높다. 학원 수업을 밤늦게 듣고 학교에서 자는 아이들이 많았다. 정시 위주 시절 학교 풍경은, 상위권일수록 학교에서 많이 자고, 발표나 토론을 기피하고, 폭넓은 강의를 싫어한다는 것이다. 수업 시간에 다양한 읽기 자료를 제공하거나 시험에 나오지 않는 교과 관련 이야기를 하는 교사들은 대개 상위권 학생 부모들에게 '무능 교사'로 찍혔다. 지금도 종종 동창들과 고등학교 시절 이야기를 하면 "수업 시간에 딴소리 많이 하는 교사들"을 성토하는 목소리를 쉽게 들을 수 있다. 수능과 관련된 것이 아니면 아무것도 하지 않으려는, 한 마디로 지적 호기심이 마비된 학생들이 상위권을 차지하고 명문대 간다는 것은 10년 전만 해도 교육계의 큰 고민거리였다.

　그 부작용은 상상 이상이었다. 이런 해프닝도 있었다. 명문대 교양 한국사 강의를 나간 강사가 이순신이 누구인지 물었는데 의외로 바로 대답하지 못하더라는 것이다. 처음에는 장난이라 생각해서 진지하게 물었는데, 정말 모르는 학생들이 많았고, 한국사 출제 경향에 임진왜란이 나오지 않아 그렇다는 대답이 돌아와 큰 충격을 받았다고 했다. 한국사가 선택이던 시절 서울대가 한국사를 수능 필수과목으로 지정한 이유도 서울대생들의 한국사 수준이 너무 심각해서였다는 말도 있다.

영어 단어 3천 개 시절로 돌아가자고?

창의적 인재 양성은 1998년 필자가 교사로 부임할 때부터 유행한 이야기다. 간학문間學問, 융합인재, 4차 산업혁명 등 말만 바뀌었을 뿐 지난 20년 동안 현행 교육제도 아래에서는 미래를 책임질 인재를 양성할 수 없다는 주장이 항상 넘쳐흘렀다. 그리고 참으로 많은 교육개혁이 이루어졌다. 열린 교육, 7차 교육과정, 대안학교와 혁신학교, 수요자 중심 맞춤형 교육 등…. 그러나 아무리 창의적 인재를 주장해도 현장 교육은 기승전−입시이고, 입시는 곧 시험이었다. 지금도 정시를 준비하는 학생들은 비슷하다. 영어 단어 3천 개 외우기, 수학 3천 문제 풀기, 최근 기출문제 5년치 모두 풀고 외우기 등. 통계와 암기가 강조되고 "여러분, 올 수능에는 4·19 혁명이 나왔으니 내년 수능에는 87년 6월 민주화운동이 나올 겁니다"로 한국 민주화운동의 역사를 정리하고, "요즘 박정희는 3·4차 경제개발계획에서 중화학공업만 나와요. 유신체제 필요 없어요"라고 정리해 주는 교사가 큰 인기를 끈다. 한국의 학생들은 역사 공부를 텔레비전 예능 프로그램에서 '설민석 샘'에게 배우지 학교 교사에게 배우지 못한다.

역사 하는 사람으로서, 정시 위주 입시 교육을 현장에서 경험하면서 들었던 생각은, 이러다가 나라 망하겠다는 것이었다. 조선사 관련 토론에서 자주 나오는, 150년 전 낡은 과거시험으로 인재를 등용하다 조선이 결딴났다는 주장들이 오버랩되면서….

시험으로 인재를 등용하는 시대는 지났다. 고교 선발이든 대학 선발이든 취업이든 전 세계적으로 '종합전형'이 대세다. 시험은 자격시험 정도에 지나지 않는다. 그리고 무엇보다 아이들을 30년 전 교육 환경으로 내몰 수 없다. 자습은 자율이고, 밤마다 학교에 남아 조별토론을 하며 교실을 밝히는 아이들을 볼 때마다 더 그런 확신이 든다.

25

종합전형은 불공정하다?

종합전형을 비판하는 사람들이 가장 많이 드는 근거가 불공정하다는 이유일 것이다. 그것은 현장 교사들 사이에서도 마찬가지다. 그러나 불공정을 둘러싼 논쟁만큼 앞뒤가 맞지 않는 것도 없다. 각자 자기 입장에서 불공정하다는 주장을 쏟아내고 있기 때문이다. 그 사례들을 하나씩 보자.

명문고, 자사고, 아들 둔 부모… 다양한 불만들 고려대가 논술전형을 폐지하고 그 인원을 모두 종합전형으로 돌렸고, 이에 종합전형 선발 인원이 대폭 확대되면서 내신 커트라인이 많이 낮아졌다. 자사고인 본교의 경우 성균관대와 서강대 합격자 내신이 2.5를 넘지 못하는데, 고려대는 2.8까지 합격한 전례가 나왔다. 이는 내신 성적의 비중이 덜하다는 뜻인데 그렇다면 누가 유리할까?

당연히 특목고와 자사고가 유리하다. 실제로 고려대가 종합전형을 확대한 이후 자사고의 고려대 합격자 수가 큰 폭으로 증가했다. 물론 이는 착시현상일 수 있다. 종합전형 모집 인원이 2배가 늘었으니 (자사고뿐 아니라) 학교마다 합격자가 2배 느는 것이 당연하다. 하지만 아무리 그래도 고려대 커트라인이 중앙대 수준까지 떨어지니 이상하다는 생각이 들 수밖에 없다.

종합전형에서 특목고를 우대한다는 징후는 여러모로 나타난다. 서울대 이공계 교수들이 과학고 출신들을 선호하고 조금이라도 더 뽑고 싶어 한다는 말도 있다. 일반고보다 과학고 아이들이 가르치기 더 좋다는 이유란다. 연세대 언더우드 국제대학(Hass 전형), 이화여대 스크랜튼 학부, 외대 ELLT 학과 등 글로벌 인재 양성을 목표로 내건 학과들 역시 특목고나 상류층을 선발하기 위한 전형을 운영한다는 의심을 받는다. 이러한 전형에서는 대부분 상당한 외국어 능력을 요구하고 있어서, 과거 특목고를 위한 전형이었던 특기자 전형을 우회한 것이라는 지적이다.

그런가 하면, 정시를 축소하고 수시, 특히 종합전형을 늘리는 것이 명문고에 불리하다는 불만도 있다. 소위 강남 교육특구는 지역 교육 환경 때문이라기보다 우수한 전입생이 많이 유입되어 형성되는 측면이 크다. 대치동 인근 아파트 전세가가 10억 대를 호가하는 것도 명문고 진학, 혹은 대치동 학원가를 이용하기 위해 전입을 원하는 이들이 많기 때문으로 분석된다. 이렇게 우수한 학생들이 한 학교에 몰리면 내신 경쟁이 치열하고, 당연히 수시에서 불리하다. 종종 언론에서 기사화되는 강남의 높은 재수율과 자퇴율에는 이런 배경이 있다. 어쨌든 이들 역시 종합전형의 불공정성을 소리 높이 외치고 있다.

종합전형에서 가장 큰 타격을 받는 학교는 서울형 자사고*라는 평가도 있다. 자사고 학생들은 내신이 일반고에 비해 불리하다. 그렇다고 특목고만큼 우수한 학생들이 모이는 것도 아니다. 학생들은 정시 선호도가 높아 수능과 종합을 병행하다 보니 여러 어려움을 겪는다. 수능 대비를 위해 수업이 강의식으로 진행되므로 수행평가와 과세특을 위한 활동을 별도로 해야 하고, 그만큼 부담이 커서 과제를 준비하다 졸도하는 학생들도 있다. 학부모들도 높은 등록금에 사교육비까지 감당해야 하므로 경제적 부담을 느낀다. 교사들 역시 일반고 교사들에 비해 근무시간이나 노동강도가 강한 편이어서 많이 힘들어한다. 결국 일반고보다 더 노력하고 대학입시에서는 차별받는다며, 종합전형은 불공정하다고 생각한다.

고학력 중산층 학부모 중에 나름 진보적 교육관을 갖고 있는 이들도 종합전형에 강한 불만을 갖고 있다. 입시 스펙 관리하느라 아이들의 학교 생활이 너무 힘들다고 비판한다. 자녀인 학생도 대개

---

* 지방 자사고는 소수이기 때문에 최상위권 학생들이 몰리지만, 서울은 무려 25개나 돼서 중하위권 학생들까지 모집해야 한다. 또 서울시 교육청이 자사고 폐지를 추진하고 있어서 지원도 받기 어렵다.

같은 생각이다. 아이들이 자유롭게 공부하고 활동할 수 있어야 한다고 주장하는데, 이런 부모들도 결국 중요한 것은 명문대 진학이다. 그러니까 자유롭게 활동하고 여유 있게 공부해서는 명문대에 진학할 수 없으니 종합전형이 불공정하다는 것이다.

아들 둔 학부모들도 불만이 많다. 대개 남학생들은 여학생에 비해 학업과 활동 관리를 꾸준하게 하지 못한다. 그러다가 고3 올라와서 폭발적으로 성적이 오르는 경우가 있다. 과거 일반고 시절 본교에서는 1학년 때 전교 1등부터 5등까지 전부 여학생이었는데, 3학년 올라가니 3명이 남학생, 2명이 여학생으로 뒤집힌 적도 있다. 뒤늦게 철이 들어 성적이 대폭 상승한 것인데, 종합전형에서는 이런 학생들이 명문대에 진학하기 어렵다. 3년 활동을 평균으로 평가하는 것이 최종 성적으로 평가하는 것보다 공정하냐는 비판이 나온다.

종합전형은 객관적 평가가 가능한 제도가 아니라는 비판도 있다. 조작과 위조가 가능하다는 의심이다. 그러나 이런 비판에는 두 가지 문제가 있다. 조작과 위조는 불법이다. 모두 불법을 저지르고 있으니 안 된다는 주장을 입증할 만한 근거와 데이터가 있는가? 또 하나는 현재 대학 입시만 '종합전형'으로 치러지는 것은 아니라는 점이다. 대부분의 입사 시험이 종합전형이다. 종합전형이 객관적이지 않다는 주장은, 한국의 취업 시험도 객관적이지 않다는 의미다. 또한 전 세계 많은 대학이 일종의 종합전형, 즉 서류심사와 면접 등으로 학생을 선발한다. 외국 대학은 가능하고 한국 기업도 가능한데 한국 대학만 안 되는 이유가 무엇인가? 결국 이런 비판에는 시험에 대한 강한 고정관념, 객관식 시험이 가장 객관적이고 나머지는 객관적이지 않다는 인식이 자리 잡고 있다. 4지 선다형, 5지 선다형 세대가 그토록 객관식 시험제도를 비판했으면서도 그 제도에 대한 고정관념을 깨지 못하고 있는 것이다. 무엇보다 4지 선다를 잘 풀어서 엘리트가 된 한국 고학력자들의 자존심이 이런 인식에 큰 영향을 미치고 있다고 생각한다.

진짜 불공정한 건 '소득=성적' 　　종합전형에 대한 불만은 다양한데 들여다보면 결국 자기 처지에서 불리하다는 것이다. 특목고는 특목고에게, 일반고는 일반고에게, 상류층은 상류층에게, 중산층은 중산층에게 불리하다고 생각하고, 이것을 불공정하다고 주장한다.

그래서 필자는 공정성 논쟁을 심각하게 생각하지 않는다. 결론이 날 수 없는 논쟁이기 때문이다. 어떠한 제도도 완벽하게 모두를 만족시킬 수 없다. 명문대 진학이 가능한 학생은 최상위 5퍼센트이고, 나머지 95퍼센트는 떨어지게 되어 있으며, 자신의 탈락을 제도 탓으로 돌리는 한, 공정성 논쟁은 반드시 일어나게 되어 있다.

다만, 두 가지 문제점만은 진지하게 검토했으면 한다. 먼저 선행학습이다. 대치동에서는 초등학교 4학년 때부터 고등학교 수학 과정을 가르치는 선행학습이 유행이다. 교육 당국은 학교에서 선행학습을 못하도록 금지하고 있지만 학원의 선행학습에 대해서는 규제하지 않고 있다. 선행학습의 교육적 효과에 대해 많은 교사들이 부정적이지만, 소수의 성공한 학생은 고교 1학년 때 상위권에 자리 잡는다. 이런 학생들이 많아지면 내신이 상대평가이기 때문에 학교 시험은 어려워지고, 선행학습을 하지 않은 학생은 도저히 풀 수 없는 문제가 출제된다. 수능도 마찬가지다. 수능이나 내신이 상대평가로 치러지는 한 사교육 선행학습은 큰 위력을 발휘하게 된다.

또 하나는 지금 같은 사교육 전성시대에 저소득층 학생의 진학에 더 많은 관심을 쏟아야 한다는 것이다. 학교마다 다르겠지만 많은 교사들이 소득수준과 성적이 비례한다는 것을 현장에서 강하게 느낀다. 가난과 저학력의 대물림은 심각한 사회문제다. 현재의 입시 환경에서 저소득층 학생에게 단순히 학교 등록금만 지원하는 것은 도움이 되지 않는다.

이런 의미에서 두 가지가 절실하다. 수능 및 내신의 절대평가, 그리고 저소득층 학생들에 대한 학원비 지원. 특히 후자가 절실하다.

종합은 상위 30퍼센트만의 잔치다?

맞다. 맞는 말이다. 그런데 그럴 이유가 있다. 종합전형으로 대학에 진학하려는 학생들 대부분은 이른바 명문대를 지망하기 때문이다. 고3 담임으로서 서울의 하위권 대학이나 지방대를 종합전형으로 보내고 싶을 때가 있다. 그러나 최소한 서울 지역 고등학교에서 지방대를 종합전형으로 가려는 학생은 의대 빼고는 없다. 전문대에도 종합전형이 있지만 지원하는 학생은 극소수 하위권 학생들뿐이다. 그러니 주객이 전도된 것이다. 30퍼센트 학생을 위한 종합전형이 아니라, 상위 30퍼센트 학생들만 종합전형을 준비하는 것이다.

중위권 학생은 신경 쓰지 않는다? 종종 중위권 아이의 학부모들이 왜 학교에서 우리 아이 생기부를 신경 써 주지 않느냐고 불만을 토로한다. 하지만 앞에서 언급했듯이, 상위 30퍼센트 이하 내신을 받은 학생이 종합전형으로 명문대에 입학할 가능성은 없다. 또 중위권 학생들이 종합전형으로 지방대나 전문대를 지원할 의사도 없다. 중위권 학생들이 명문대에 합격하는 경우는 논술 대박, 수능 대박뿐이다. 그러려면 열심히 공부에 집중하는 것이 가장 좋다. 스펙을 관리하고 생기부를 만들고 자소서를 쓰는 과정은 시간과 공력이 대단히 많이 드는 일이다. 지원하지도 않을 종합전형 준비에 공을 들인다면 논술시험이나 수능시험조차 망치게 될 것이다. 학교는 학생에게 가장 최적화된 지원 전략을 제시한다. 내신 5등급대 아이가 서울 소재 4년제 대학을 갈 방법은 당장 오늘부터 수능 대비 공부만 열심히 하는 것 외에 다른 길이 없다.

내신 5등급대 아이의 학부모가 와서 막무가내로 종합전형에 지원하겠다며 추천서를 써 달라고 조른 적이 있다. 심지어 학원에서 써 준 추천서 내용을 들고 와서 그대로 써 달라고 고집을 피웠다. 본교에서 그 대학을 지원하여 합격한 아이들 중 가장 낮은 내신이 3점대 후반이었다. 4점대도 합격 전례가 없는 대학을 5점대 내신 아이가, 더군다나 3년간 종합전형 대비를 전혀 하지 않았고 자소서 준비도 하지 않은 아이가 단지 사교육 업체 직원의 말 한마디에 붙을 것이라 믿다니! 어이가 없었다. 게다가 학원에서 써 준 추천서 대필 요구까지. 그런데 오 마이 갓! 확인해 보니 그 대학은 추천서가 필요없었다. 아마 몇 년 전까지 추천서가 필수였다가 폐지되었는데 사교육 관계자가 착각한 모양이었다. 아니면, 그 대학에 추천서를 받는 다른 전형이 있는데 어머니가 잘못 알아들었거나.

종합전형을 비판하는 사람들 중 많은 이들이 종합전형은 스펙만 좋으면 가는 전형이라고 착각한다. 그래서 한편으로 비판하면서, 또 한편으로는 입시 대박을 꿈꾸며 왜 우리 아이는 챙겨 주지 않느냐고 분노한다. 그렇지 않다. 종합전형에서 성적은 매우 중요한 평가 요소다. 특히 요즘은 학생을 평가할 때 학업 역량을 내신 성적뿐 아니라 수상 실적, 전공 관련 활동, 교과 관련 활동까지 포함해서 폭넓게 본다. 어느 입학사정관은 아주 노골적으로 이야기하기도 했다.

"우리는 무조건 성적이다. 공부 못하는 애는 자사고에서 와도 특목고에서 와도 안 뽑는다."

또, 서울 중위권 대학을 우습게 아는 부모들도 많다. 필자가 고등학생이던 80년대만 해도 건국대를 갈까 전문대를 갈까 고민하는 친구, 세종대에 합격했는데 전문대에 진학한 친구도 있었다. 70년대까지만 해도 광운대(광운공과대), 세종대(수도여자사범대), 가천대(경원전문대), 서경대(국제대), 서울과기대(산업대) 등 현재의 서울 중하위권 대학 상당수가 과거 단과대학이거나 개방대였다. 홍익대, 국민대는 후기대여서 전기대와 다른 2류대로 여겨졌고, 건국대도 간판학과인 축산학과만 알아줬다. 80년대에는 서울 소재 4년제 대학이라면 동국대나 외국어대, 백번 양보해도 국민대까지 포함되는 정도였다. 필자가 고3일 때 담임선생님이 "우리 반에서 10~12등(한 학급 63명이었다) 정도 하는 애(필자)가 국민대 갈 것 같다. 여기까지네"라고 하셨다. 그 말을 전해 들은 필자의 아버지는 두말 않고 이렇게 말씀하셨다. "재수해라."

지금 학부모가 바로 80년대 수험생들이다. 그래서 국민대나 홍익대는 성적이 좀 낮아도 갈 수 있지 않을까 기대하는데, 그렇지 않다. 국민대, 홍익대 정시 커트라인이 수능 88~90퍼센트 사이다. 아무리 낮게 잡아도 대한민국 60만 수험생 중 상위 15퍼센트 안에 들어야 갈 수 있는 대학이다. 그런데 내신 중위권 학생이 스펙 좀 쌓았다고 그 대학을 갈 수 있을까? 이런 기대와 희망이 또 다른 공정성 논쟁, 학교가 상위권 학생만 챙긴다는 불만으로 이어지는 것이다.

서울대를 못 보내는 학교는?

물론 그런 의심이 전혀 근거가 없는 것은 아니다. '학교'가 그렇게 하는 것은 맞다. 학교는 상위권, 특히 최상위권을 엄청 챙긴다. 학교에 대한 평가 때문이다. 학부모들 사이에서 학교에 대한 평가는 "서울대에 몇 명 보냈는가?"로 쏠린다. 과거에 대표 언론사인 ㅈ일보가 고등학교별 서울대 진학 현황을 기사로 내보냈을 정도다. 서울대를 많이 보내면 지역에서 명문고로 소문이 난다. 강남은 말할 것도 없고 서울 강북의 경우 동북부의 ㅅ고, 동부의 ㄷ고, 서부의 ㅎ고 등은 서울대 진학률이 높아 신흥 명문고 소리를 들었다. 서울대 많이 보내면 무조건 명문고로 평가받으니 학교 경영진은 서울대 보내는 데 혈안이 된다.

서울대를 못 보내면 엄청난 비난이 쏟아진다. 필자가 근무하는 학교는 일반고 시절 서울대 진학 결과에 따라 천당과 지옥을 자주 오갔는데, 서울대를 1명도 보내지 못한 해에는 지역사회에서 별의별 욕을 다 먹었다. 심지어 동네 중학생들도 욕을 한다. 이럴 때는 학교 근처 미용실을 이용할 수 없다. 미용실에서 동네 어머니들이 엄청나게 학교 욕을 퍼붓기 때문이다. "전기 아끼느라 난방을 안 해서 애들이 감기에 걸려 공부를 못하는 학교"라는 소리까지 들어봤다. 과거 모 여고 진학부장이 필자에게 이런 말을 했다.

"일반고는 서연고 갈 자원이 5명 정도 되는데, 보통 서울대 1명, 연대 2명 고대 2명 정도 보내죠. 하지만 우리 학교는 집중 관리해서 서울대 4명, 연고대 1명 보냅니다. 우리 학교가 명문고인 이유가 바로 이것입니다."

하지만 이는 어디까지나 학교 경영진의 태도이지 교사들이 그런 것은 아니다. 전교생이 1천 명인 학교의 경우 보통 교사가 60여 명으로, 교사 1인당 학생 16명 정도다. 그런데 모든 교사가 최상위권 몇 명 관리하는 데 매달리면 그만큼 많은 학생들이 소외될 수밖에 없다. 그런 낯 뜨거운 짓을 하며 교단에 설 수는 없다.

이런 이야기를 하는 학부모도 있다. "학교는 중위권 학생들이 상위권으로 치고 나오는 것을 좋아하지 않는 것 같더라." 그것도 맞는 말이다. 교사들 중에는 성적이 뒤집히는 것을 좋아하지 않는 사람들도 꽤 있다. 두 가지 측면이 있다. 우선 내신 경쟁이 과거처럼 총점으로 등수를 매기는 식이 아니라 과목 등급 평균, 곧 학생이 1학년부터 3학년 1학기까지, 5학기 동안 받은 과목 등급의 평균이기 때문이다. 경쟁이 치열하면 치열할수록 전체 학생의 등급이 낮아진다. 예를 들어, 100명이 내신 경쟁을 하면 1등급은(4퍼센트) 4명이다. 전교 1등이 전 과목 모두 전교 4등 안에 들면 내신 평균 1.0을 받는다. 그런데 국어 잘하는 애는 국어에서, 수학 잘하는 애는 수학에서, 지리 잘하는 애는 지리에서, 화학 잘하는 애는 화학에서…, 이렇게 1등급을 나눠 먹으면 최상위권에서 좋은 내신 등급이 나오기 어렵다. 본교 문과 1등의 내신 평균이 1.7인 적도 있었다. 이러면 문과에서 서울대 1명 보내기가 어렵다. 전교 1등 내신이 1.0에 가까운 학교일수록 수준이 낮은 학교라는 말이 나오는 것도 이런 이유 때문이다. 한 마디로, 자기들끼리 경쟁하다 죽는 구조인 것이다.

또 하나는, 내신 경쟁이 교내 친구들끼리의 경쟁이기 때문이다. 상대평가에서는 누군가 올라서면 누군가는 떨어진다. 아무튼 1등급은 4퍼센트까지만 허용되니 누군가 치고 올라와 4퍼센트 안에 들어오면 누군가는 밖으로 밀리는 것이다. 그 밀린 아이의 고통은 보지 않은 사람은 모른다.

본교 3학년 자습실이 한동안 옥상에 있었는데, 고3 담임을 하면서 성적 떨어진 아이와 상담한 뒤에 자습실로 가는 길에 종종 배웅을 하곤 했다. 불안해서. 정말 고등학교 담임하다 보면 우울증 걸릴 것 같을 때가 한두 번이 아니다. 그런 상황에서 "경쟁해라. 이겨라"라는 말이 쉽게 나오겠는가. 부모와 교사의 가장 큰 차이는, 부모는 자기 자식 성적 올라가는 것만 생각하지만, 교사는 떨어지는 놈이나 올라가는 놈이나 다 같은 내 새끼라는 점이다.

사실은 5퍼센트만의 잔치다 종합전형이 상위 30퍼센트만의 잔치인 것은 맞는 말이다. 그러나 그것은 종합전형의 문제가 아니라 입시의 문제다. 그나마 종합이라서 30퍼센트까지 대상이 확대되었다고 볼 수 있다. 정시는 10~20퍼센트만의 잔치다. 물론 종합전형을 폐지하고 정시만으로 모집하면 절대적인 숫자는 늘어날 것이다. 같은 10퍼센트라도 합격 인원은 현행 9천여 명에서 2만 5천여 명(서울 소재 4년제 기준)으로 늘어날 것이다. 그러나 그동안 그 10퍼센트 안의 대학에 들어갈 수 있었던 11~30퍼센트 대의 아이들은 절대 그 대학에 갈 수 없게 될 것이다.

이른바 명문대로 꼽히는 서울 소재 11개 대학(서연고 서성한 중경외시이)이 모집하는 신입생 총수는 3만여 명이다. 카이스트와 의대를 제외하고 이 11개 대학 수준의 성적을 받아야 진학할 수 있는 지방대는 점점 사라지고 있다.* 수능 성적으로 줄을 세우면 전국 60만 명의 수험생 중 5퍼센트만 이 안에 들어갈 수 있다. 이것이 입시 현실이다. 그런데 30퍼센트만의 잔치라는 말로 종합전형을 비판할 수 있을까?

대학 입시제도 일반에 대한 비판과 종합전형에 대한 비판을 혼동해서는 안 된다. 차악을 비판하다 최악을 선택할 수 있기 때문이다. 대학 입시제도 개혁에 대한 비판은 그래서 철저하게 대안 중심으로 이루어져야 한다.

---

* 지방 국립대 중 커트라인이 높은 것으로 유명한 부산대와 경북대의 많은 학과가 중앙대보다 커트라인이 낮다고 하며, 계속 떨어질 것으로 예상된다. 지방 인구 감소가 주원인으로 꼽히고 있다.

종합전형은 상류층에 유리하다?

'종합전형이 30퍼센트만의 잔치'라는 불만이 주로 고등학교를 겨냥한 것이라면, '종합전형이 상류층에 유리하다'는 의혹은 주로 대학을 향한 것이다. 특히 학교 현장에서 이런 생각이 강하다.

출발부터 기울어진 운동장　　종합전형 입시를 지도하면서 갑자기 새로운 유행이 등장해 당황스러울 때가 있다. 종합전형 초기, 한창 봉사활동을 강조하던 시절에 해외 봉사활동이 유행했다. 해외 봉사활동은 돈이 많이 드는 일이어서 상류층이나 대형교회가 많이 추진했다. 해외봉사가 처음 강조될 때부터 돈으로 스펙을 사는 전형적 방법이라는 비판의 목소리가 높았다. 그런데 이것이 점점 입시에서 중요하다는 소문이 돌면서 무리한 해외봉사가 추진되고, 학교에서도 외부 단체의 지원금을 받아 추진할까 고민하는

지경에 이르렀다. 그때 이런 말이 나오기 시작했다.

"어차피 상류층(혹은 특목고) 변별용이잖아. 대중적으로 퍼지면 곧 폐지될 거야."

과연 얼마 후 해외 봉사활동은 생기부 기재 금지 사항이 되었다. 이런 현상은 늘 있었다. 토론대회가 대유행이더니 토론대회가 보편화되자 사라졌다. 방학을 이용한 해외 어학연수가 유행이더니 그것도 폐지되었다. 최근에는 소논문 작성이 붐을 이루더니 곧 규제가 될 것이라고 한다. 폐지 또는 규제의 근거는 사교육비 증가다. 그러나 꼭 그렇게만 생각되지 않을 때가 많다. 학교에서 대응할 수 있을 정도가 되면 사라지곤 하는 것이다. 물론 교사 업무 경감 차원에서 대환영이지만, 다른 이유가 있을 거라는 의혹은 남는다.

강남 상류층들이 쌓는 핫한 스펙은 무엇인가, 또는 민사고나 대일외고 같은 최고 수준 특목고에서 주로 준비하는 스펙은 무엇인가에 초점을 맞추고 귀를 쫑긋거리기도 한다. 오비이락이겠지만 때려맞는 경우도 있다. 강남에서 면접 준비에 열을 올린다더니 몇 년 후 면접 전형이 강화되기도 했다. 강남 사교육의 정보력이 우수해서 대학의 평가 흐름을 발빠르게 잡아내는 것인가, 아니면 대학이 상류층 동향을 파악하고 평가 요소에 반영하는 것인가? 물론 음모론이다. 입증할 방법이 없다. 누구도 이와 관련한 조사나 통계를 내지 않는다. 통계나 조사도 어떤 현상에 대한 의심을 뒷받침할

합리적 근거가 있어야 하는 것인데, 이런 이야기는 모두 '카더라 통신'과 개인적으로 접한 극소수 개별 사례뿐이다. 그래도 중산층·서민층 학생들을 지도하는 교사들은 대학이 상류층을 일차적으로 합격시키고 싶어 한다는 의혹을 쉽게 떨치기 어렵다.

하지만 입증할 수 없는 가설은 집어치우고, 대학 입시가 상류층에 유리한지만 진지하게 살펴보자. 대학 입시는 원래 상류층을 위해 만들어졌다. 해방 직후 친일파 상류층들은 자식에게 권력과 부를 세습할 명분을 찾아나섰고, 그 해결책이 대학 입시였다. 해방 직후 50년대까지 학교에는 교과서조차 갖추지 못한 학생들이 많았는데, 그런 차이를 무시하고 같은 조건에서 시험을 보면 당연히 상류층의 합격 가능성이 높아진다. 종종 열악한 조건을 뛰어넘은 인간 승리자들(개천에서 나온 용들)이 있었는데, 이것이 오히려 대입제도를 합리화시켰다. 소수의 인간 승리자들이 제도의 불합리성을 은폐하고 제도의 문제를 개인의 문제로 호도한 것이다.

박정희 시대 이후 산업화가 본격화되면서 학교는 표준인력을 대량공급하는 교육체제를 구축했다. 단일한 표준적 교육을 받고 이를 잘 소화한 학생들은 명문대에 진학해 관리자가 되고, 그렇지 못한 학생들은 평범한 대학을 나와 노동자가 되었다. 독재정부의 엄격한 사교육 금지로 중산층 및 저소득층의 명문대 진학 가능성이 이전보다 높아졌으며, 이들은 대기업 사무직으로 진출하여 중산층을 형성했다.* 그러나 여전히 상류층 중심으로 사교육이 성행하여 여러 차례 사회적 물의를 일으켰고, 심지어 국민학생이 과외 수업에 지쳐 과로로 죽기도 했다.

1987년 민주화 이후 사교육이 자유화되면서 사교육비 상승과 대학 진학의 상류층 쏠림에 대한 우려가 제기되기 시작했다. 2000년대 서울대생들을 대상으로 한 설문조사를 결과를 보면, 스스로를 중·상류층이라고 생각하는 비율이 30퍼센트, 중류층이라고 생각한다는 응답까지 합치면 80퍼센트에 이르렀다.** 그러나 중류와 중상류의 기준이 모호하고, 스스로 자신이 어떤 계층에 속한다고 생각하는지를 답하는 방식이므로, 실제 사회경제적 배경을 명확하게 추론할 수는 없다. 최근 대학 입시를 통한 계층 이동을 둘러싸고 논란이 커지면서 관련 통계가 발표되고 있는데, 서연고 신입생 중 소득 상위 20퍼센트 가정 출신이 50퍼센트에 가깝다고 한다.*** 얼핏 보면 과거보다 상류층 출신이 늘어난 것 같지만 과거에 비해 어느 정도 늘었는지는 비교할 만한 통계가 없어 알기 어렵

----

* 1970년대 생산직 노동자의 임금은 엄격하게 통제되었지만 대기업 사무직 노동자 임금은 인상되었다. 70년대 후반 임금 상승과 이로 인한 물가 상승에 대해서는 〈임금격차, 학력 업종 따라 날로 심화〉, 《경향신문》 1978년 3월 6일자 1면 참조.

** 〈서울대 신입생 81% "난 중류층 이상"〉, 《서울경제신문》 2006년 10월 23일자.

*** 〈SKY 고소득층 비율 46%, 다른 대학 2배…의대는 더 높다〉, 《중앙일보》 2019년 2월 14일자.

다. 더군다나 이런 통계는 상류층 합격자가 정시에서 많이 나왔는지 종합전형에서 많이 나왔는지도 명확하지 않다.

상류층이 명문대에 많이 진학하는 것은 어제오늘의 일이 아니며, 최근의 문제라고 볼 수도 없다. 대학 입시는 상류층이 유리하다. 애초부터 기울어진 운동장이다. 우리나라의 대입제도는 출발선 없는 경주, 체급 구분 없는 격투기와도 같다. 자본을 무한으로 투입할 수 있는 상류층이 어떤 대입제도든(종합이든 정시든) 무조건 유리하게 되어 있다.

현행 제도로는 정시에서도 '용' 나오기 어렵다 대졸 출신 자녀들이 비대졸 자녀들보다 명문대 진학률이 높다는 주장도 있다. 물론 대졸 출신이 비대졸 출신보다 상류층 진입 가능성이 높기 때문이라고 볼 수도 있지만, 단지 경제적 능력만으로 설명할 수는 없다. 마이클 샌델의 《정의란 무엇인가》에 나오는 사례를 통해 살펴보자.

마이클 샌델은 "마이클 조던이 최고의 농구 스타가 될 수 있었던 것은 무엇 때문인가?"라는 질문을 던진다. 조던의 타고난 능력과 노력 덕분일까? 샌델은 미국 프로농구 선수에게 보장되는 천문학적 연봉 때문이라고 말한다. 겉으로 보기에는 조던이 열심히 운동해서 스타가 된 것 같지만, 그 또한 농구 스타에게 천문학적 연봉을 보장하는 미국 사회라는 동기 부여가 있었기에 가능했다는 것이다. 마이클 샌델은 동기 부여에 영향을 미치는 것으로 사회적 환경을 꼽는다. 마찬가지로 한국은 대졸 출신들이 대학 졸업장의 사회적 가치를 더 잘 알고 있으며, 자녀의 대학 입시에 적극적으로 대응함으로써 합격률을 높인다고 볼 수 있다.

왜 상류층이 명문대에 많이 진학하는가라는 의문은 간단히 대답할 성질의 문제가 아니다. 한국 대입제도의 역사적·사회적 성격까지 진지하게 고찰해야 한다. 그리고 오늘날 한국 대입제도 개혁이 상류층과 저소득층이 평등하게 경쟁할 구조인지에 대한 질문을 먼저 던져야 한다. 종합전형을 비판하는 공청회에서 "종합전형으로는 개천에서 용이 나올 수 없다"는 주장이 나왔지만, 현행 대학 입시제도에서는 정시로도 개천에서 용이 나올 수 없다.

종합전형이 사교육비를 증대시킨다?

결론부터 말하면 사교육 시장에서 종합전형이 차지하는 비중은 높지 않다. 그런데도 종합전형 때문에 사교육비가 상승한다는 주장이 꾸준히 제기된다. 왜? 우선 지난 10년 동안 사교육비가 꾸준히 올랐기 때문이다. 하지만 이 또한 입시제도 자체의 문제이지 종합전형 때문이라고 볼 수는 없다.

할아버지의 재력과 엄마의 정보력?　　　종합전형과 직접적으로 관련된 사교육이 무엇이 있는지부터 보자. 자소서 지도, 비교과 활동 컨설팅, 면접 지도…. 꼽아 봐야 몇 가지 안 되고 대부분 일회성이다. 자소서 지도는 건당 수십만 원으로 종합전형 6장을 쓰는 아이들도 100만 원을 넘지 않는다. 그것도 3학년 8월 한 달만이다. 시간당 비용은 큰 편이지만 총액에서 차지하는 비중은 미미하다.

가정에서 아이 한 명을 대학에 보내기까지 드는 사교육비는 얼마나 될까? 월평균 30~40만 원 내외라고 하면 초등학교 1학년부터 고3까지 12년 동안 연 400만 원 총 5천만 원이 든다. 이 금액은 결코 과장된 액수가 아니다. 실제 학부모들이 체감하는 사교육비는 훨씬 비싸다. 대치동 과학탐구 과목 한 달 학원 수강료가 35만 원이다. 과학탐구 한 과목과 수학만 들어도 70만 원, 1년이면 800만 원, 3년이면 2,400만 원이다. 국어·수학·탐구 1과목씩 들으면 3,500~4천만 원이다. 여기에 논술학원, 내신 특강 학원까지 합하면? 고등학교 3년만 계산해도 5천만 원이 넘는다.

초등학교·중학교라고 사교육의 영향 밖에 있는 것은 아니다. 고등학교의 절반만 든다 해도 9년 동안 7천만 원, 고등학교까지 총계를 내면 1억이 넘는다. 중산층 사교육비가 아이 1명당 2억이라는 말이 허언이 아니다. 여기서 종합전형 준비에 드는 사교육비가 차지하는 액수는 10퍼센트(500만 원)도 되지 않는다.

물론 상류층의 사교육은 또 다른 차원으로 넘어간다. 필자가 아는 수학 과외교사 한달 강의료가 150만 원이다. 특A급 강사의 경우 시간당 80만 원짜리 강의도 있다(주2회 1시간씩 총 한 달 8시간 강의 640만 원). 수학 사교육비로만 2년 동안 1억을 쏟아부었다는 사람도 보았다. 인터넷 강의 없이 직접 대면 강의만으로 10억 이상 수입을 올린다는 강사들 명단이 엄마들 스마트폰 안에 있다. 그래서 나오는 말이 "할아버지의 재력과 엄마의 정보력"이다! 〈스카이

캐슬〉에 나오는 입시 코디의 전화번호를 아는 것이 바로 엄마의
능력이다.

한국 사교육 시장은 불황 속에서도 늘 번영을 구가한다. 고용
인원 10만 명 이상, 연 매출 규모는 최소 20조에서 30조 이상으로
파악된다. 고용 인원만 놓고 보면 삼성전자나 현대자동차보다 더
규모가 크다. 한국에서 사교육 시장이 붕괴하면, 97년 IMF를 몰고
온 한보와 대우 부도에 필적할 타격이 올 수도 있다. 한국 입시교
육이 만들어 낸 초거대 기업집단, 그것이 학원이고 사교육 시장이
다. 그 거대한 산업이 종합전형에 좌우된다는 발상 자체가 우습지
않은가?

중2 때 대학이 결정된다는 무서운 말 .... 최근 10년 동안 사교
육비는 꾸준히 늘어났고 사교육 시장도 꾸준히 팽창했다. 이유가
무엇일까? 눈에 띄는 변화만 생각해 보자.

먼저 내신에 상대평가가 도입되고 수시가 강화되면서 내신 성적
의 비중이 커졌다. 이와 함께 내신 전담 학원이 급속히 늘어났다.
과거 동네 보습학원 몇 개 수준이던 내신 학원이 이제는 동네 모
든 빌딩을 차지하고 있다. 대치동 대형 학원에 강남·서초 모든 고
등학교의 내신 전담반이 만들어져 있고, 자사고인 본교의 경우 강
동·송파·성동구 등에 본교 내신 대비반을 운영하는 학원이 있다.

본교 교사들이 지난 수년 동안 출제했던 내신 기출문제들이 학원에 저장되어 데이터베이스화되어 있고, 이를 토대로 출제 가능 문제를 뽑고 대비 강의를 한다고 한다.

과거에는 학원에서 각 학교의 내신 문제를 확보하기 위해 치열한 정보전쟁을 펼쳤다. 문제지를 학생에게 사는 학원도 있고, 시험이 끝난 뒤 틀린 문제를 후속 지도해 주면서 자연스럽게 문제를 확보하기도 했다. 하지만 지금은 그럴 필요가 없다. 교육청이 학교 홈페이지에 내신 기출문제를 탑재하도록 했기 때문에 이제는 학원에서 자유롭게 기출문제들을 확보할 수 있다. 이토록 교육 당국은 사교육 기관을 잘 도와주고 있다. 내신은 학교가 출제기관이자 관리기관이기 때문에 학교에서 학생들에게 '쪽집게'를 해 줄 수 없다. 이런 상황에서 내신 대비에 필요한 모든 정보를 학원이 자유롭게 이용할 수 있도록 배려해 주니 난감할 따름이다.*

필자가 교과전형이 과연 작금의 입시교육을 개혁하는 대안일지 회의적으로 보는 이유도 여기 있다. 교과전형은 100퍼센트 내신 성적만으로 선발하는 전형인데, 어떤 방식으로든 시험 대비는

---

* 정부는 이런 모든 조치가 학부모의 알 권리를 보장하기 위해서라고 한다. 그러나 학부모가 사교육 기관에 의뢰하기 위해 요구하는 정보까지 학교가 제공하도록 하는 것은 결국 사교육 기관을 돕는 것이다. 생기부도 정부는 알 권리를 보장하기 위해 학부모에게 오픈하고, 학부모는 스마트폰에 띄워 그대로 학원에 가서 상담한다. 심지어 종합의견까지 열어 놓은 상태로. 그러면서도 정부가 학교와 교사들에게 내신 문제 보안과 생기부 개인 내용 보안을 강조하는 이유를 알 수가 없다.

사교육이 공교육에 비해 우월하다. 더군다나 내신은 철저하게 학교와 학원의 입장이 다른 분야인데, 지금 같은 사교육 전성기에 교과전형을 확대한다면? 특목고 학생을 제외한 상류층에게는 상당히 유리해질 것이다. 지방 대도시 상류층 아이들은 높은 내신 성적을 목적으로 지방 소도시로 이주한다고 한다. 이렇게 중·고등학생 때만 전입했다가 이주하는 사람들 때문에 막상 지역민은 대학가기가 더 어려워지고 지역사회 갈등도 생긴다는데 이런 부작용을 어떻게 감당할 수 있을까?

또 다른 사교육비 증가의 원인으로 선행학습을 꼽을 수 있는데, 이것도 상대평가 제도와 관련이 있다. 특히 수능이 상대평가 백분위 및 표준점수제가 되면서 한 발이라도 앞서 준비한 아이들이 유리해졌다. 필자의 아들이 초등학교 2학년 때 동네 영어학원을 들어가려다가 테스트를 받고 떨어졌다. 그 영어학원을 들어가려면 1학년 때 그 영어학원 입학을 준비하는 영어학원을 다녀야 한다고 했다. 선행학습이란 초등학교 때 영어, 중학교 때 수학을 말한다. 이때부터 1등을 잡아야 고3까지 쭉 1등을 놓치지 않을 수 있고, 그래야 의대에 갈 수 있다는 믿음이 팽배하다. 10년 전에는 고1 때 70퍼센트, 고3 3월에 90퍼센트 정도 대학이 결정된다고 했지만, 요즘은 중2 때 이미 결정난다고 말하는 전문가도 있다.

그럼에도 정부는 섬뜩한 말을 한다. 문재인 정부 교육정책을 자문하는 소위 전문가들이 언론에 한 말 중 가장 섬뜩했던 말이 "대학 입시를 개혁하기 어렵다면 초·중 때 조금이라도 개혁적 내용을 담아야 하지 않을까?'라는 말이다. 이미 초·중등학교도 대학 입시에 깊이 연결되어 있는 지금, 중학교에서 조금이라도 입시를 등한시한다면 중학 사교육비는 걷잡을 수 없이 올라갈 것이다.

상대평가는 아무리 내가 열심히 해도 상대가 더 열심히 하면 뒤로 밀리는 제도다. 내가 고교 3년 동안 열심히 공부해 봐야, 옆 친구가 중3 때부터 4년간 열심히 공부하면 걔가 1등급, 내가 2등급이 된다. 중2 때부터 열심히 하는 아이들이 많으면 3등급, 중 1때부터 열심히 하는 아이들이 많으면 4등급으로 밀린다. 그래서 대치동에서 초등 4학년 선행학습 과정이 인기를 끌고, "입시는 다섯 살 때 어린이집 영어반에서 시작한다"고 하는 것이다.

결국 중학교에서 교과 공부를 덜 시키고 전인교육을 강화하면 그만큼 교과 공부를 위해 사교육에 의존하게 되어 있다. 내신을 강화하든 정시를 강화하든, 시험 봐서 성적 내고 등수대로 성적을 매기는 상대평가 체제에서는 조금이라도 일찍 시작하는 것이 좋고, 사교육이 경쟁력을 갖게 되며, 사교육비를 댈 수 있는 중산층 이상 상류층이 절대로 유리하다. "30년 전 정시만 있던 시절에는 개천에서 용이 날 확률이 높았다"는 주장은 세상 물정을 모르는 소리다.

경기도의 혁신학교가 가능했던 것도, 중학교의 자유학기제가 정착할 수 있었던 것도 종합전형 때문이었다. 그리고 종합전형은 내신과 수능에서 압도적 우위를 갖고 있는 사교육에 대해 유일하게 학교가 경쟁력을 갖고 있는 전형이다. 종합전형 때문에 사교육 비가 증가한다는 생각은 잘못된 것이다. 종합전형과 교과전형, 논술전형과 정시가 공존하기 때문에 사교육비가 늘어나는 것이고, 가장 큰 원인은 수능 상대평가 때문이다. 그런데 수능 변별력을 애타게 부르짖는 사람들 때문에 수능 상대평가 개혁이 가능할지 모르겠다.

29

종합전형이 학력을 저하시킨다?

종합전형으로 입학한 학생이 수능 점수로 선발하는 정시 출신 학생보다 학력이 떨어진다는 몇몇 통계자료를 보고는 어이가 없었다. 그 자료는 국영수 시험 성적을 토대로 낸 것이었다. 국영수 시험이야 그쪽으로 특화된 학생이 높게 나타나는 게 당연한 것 아닌가? 2016년에 대통령을 선거로 뽑지 않고 시험으로 뽑았다고 상상해 보라. 안철수를 따라갈 후보가 있겠는가?

정시 출신보다 학력이 떨어진다는 주장 학력을 국영수 시험으로 측정하는 시대는 이제 끝났다. 학력을 국영수 시험으로 평가하지 않는다면 무엇으로 평가하는가? 필자가 이과 학생들 한국사 수업할 때 강조하는 것이 인문학적 소양이다. 특히 화법과 작문, 즉 말하기와 쓰기의 중요성이다.

"너희가 언제까지 남 밑에서 연구원이나 기술자만 할 것 같으냐. 결국 승진하고 책임자가 될 것 아니니? 사람을 쓰고 지시를 내려야 하는데 자기 생각을 표현하지 못하고 사람에 대한 통찰도 없다면 어떻게 리더 역할을 하지?"

필자가 즐겨 인용하는 사람이 스티브 잡스다. 스티브 잡스는 고 등학교에서 컴퓨터를 배웠고 대학교에서 철학과 디자인 등을 공 부했다. 그는 스마트폰을 개발할 때 사람들의 구매력을 확장할 디 자인을 먼저 고민했다. 한 손에 들어오는 최적화된 디자인을 개발 한 다음 기술자들에게 그 안에 최대한의 기능을 집어넣으라고 지 시했다. 영화 〈스티브 잡스〉에 보면 기술자와 잡스가 갈등하는 장 면이 잘 묘사되어 있다. 자본주의사회에서 온갖 기능만 잔뜩 들어 있는 매력 없는 상품은 팔리지 않는다. 기술에만 몰두하는 이공계 는 그렇게 버림받는 것이다.

의사는 또 어떤가. 공감 능력 제로인, 대화에 무능한 의사만큼 환자에게 최악인 의사가 있을까?

"암이네요. 수술 받으세요. 그리고 항암 치료 받으세요. 항암 치 료 고통스럽다고요? 안 그래요. 받아 보시면 알아요."

이런 의사를 직접 경험한 지인은 이렇게 말했다. 의사는 피도 눈 물도 없는 사람이라고.

반면 문과 수업할 때는 수학을 강조한다. 물론 경상 계열 진학 을 희망하는 학생들은 수학 과목을 중요하게 여기지만, 수학이 필요한 것이 이과나 경제학뿐일까? 피타고라스는 세계가 정수로 구성되어 있다고 믿었다. 그리고 피타고라스의 정리($a^2+b^2=c^2$)를 통해 완벽한 수의 세계를 설명했다. 그러나 히파수스가 이 정의를 이용하여 오히려 정수 이외의 수가 존재한다는 것을 발견하였다 ($1^2+1^2=\sqrt{2}^2$). 피타고라스의 제자들은 정수 이외의 수를 주장하는 사람들을 이단이라며 억압하고 심지어 히파수스를 살해했지만 진실을 억압할 수 없었다. 이처럼 수학은, 존재하지 않지만 존재하는 것을 탐구하고 증명한다. 존재를 알 수 없지만 존재하는 것, 그것이 바로 진실이다. 진실을 탐구하는 것이 모든 학문의 목적이라 한다면 수학을 모르고 학문을 할 수 있을까?

《코스모스》의 저자이자 저명한 천문학자인 칼 세이건은 UFO의 진실 논쟁에 대해, 증명할 수 없는 주장을 무시해서는 안 되며 진리가 아니라는 것을 증명할 수 있을 때까지 주장을 존중해야 한다고 말했다. 이를 신학에 도입하면 "신이 존재하지 않는다는 것을 증명할 수 있을 때까지 신은 존재한다"라고 말할 수 있고, 이것이 정치로 확장되면 "국민의 다양한 주장은 그 오류가 증명될 때까지 존중받아야 한다"는 민주주의의 원칙으로 나아갈 수 있다. 수학·철학·신학·천문학·정치학이 넘나들고 있는데, 문과라고 해서 어찌 수학을 몰라도 된다고 할 수 있을까? 예전에는 수업 시간에 이런 얘기하면 퇴출당하기 딱 좋았다.

'수업 시간에 딴소리만 잔뜩 늘어놓고 진도 안 나가는 교사!'

인재의 기준이 바뀌어야 한다 그러나 지금은 스티브 잡스나 마크 저커버그(페이스북 창시자, 대학에서 심리학 및 컴퓨터 전공)가 21세기 인재형으로 떠오르고 있고, 이들이 보여 준 융합적이고 창의적인 인재상이 많은 청춘들의 롤모델이 되고 있다. 말하기와 쓰기, 수리적 논리력뿐 아니라 프리젠테이션, 협동 과제 수행, 심화 탐구, 다양한 외국어 능력, 풍부한 사회적 경험 등 모든 것이 학업 역량에 포함되며 이를 평가한다. 학력고사만으로 학생을 선발할 때 대학생들은 독일어나 프랑스어의 기초 문법만 할 수 있었고, 문과 학생들은 세계사의 단편적 지식과 세계 기후 및 자원 분포 정도를 알았을 뿐이다. 그러나 지금은 일본어 회화가 가능하고 일본 문화에 대한 지식이 해박한 학생이 일차적으로 일본어과에 선발되고, 국제 정세 흐름과 전망에 대해 나름의 안목을 갖춘 학생이 일차적으로 외교학과에 선발된다.

종합전형을 지도하며 학생과 대화하는 즐거움이 커졌다. 대화 수준이 상당히 높아졌다. 일본어과 지망 학생과는 일본 만화와 영화, 문학에 대해 상당히 깊이 있는 이야기를 나눌 수 있고, 정치외교학과를 지망하는 학생과는 현 동북아 정세나 남북 관계에 대해 토론할 수 있다. 무엇보다 자신이 전공하려는 분야와 관련된 이야기를 할 때 경청하는 자세가 남다르다.

20년 전과 지금 학생들을 지도할 때 가장 다른 것이 바로 독서다. 20년 전 학생들의 독서 수준은 지금과 비교하면 처참했다. 많은 명문대 진학생들이 장편소설 한 권도 제대로 읽지 않고 입학했다. 그러면서도 작품에 대한 정보는 엄청 많이 알았다. 시험 보기 위해 교과서나 문제집에 있는 작품 소개를 달달 외웠기 때문이다. 《카인의 후예》를 읽지 않은 사람과 황순원의 작품 세계와 전후 문단 권력을 논할 때의 허무함이란.

학력이 $1^2+1^2=\sqrt{2}^2$에 담겨 있는 철학적 의미를 읽지 못하면서 그저 답만 내는 능력을 말한다면 그것은 아무짝에도 쓸모 없는 짓이다. 대학 시절, 고등학교의 수학 수업이 사회에서 무용한 것을 두고 얼마나 비판했던가. 낡은 시대의 기준으로 21세기 인재의 학력을 검증해서는 안 된다.

대학은 종합전형 출신을 기피한다?

종합전형 입학생들의 학력이 떨어져서 대학에서 정시 출신을 좋아하고 종합전형 출신은 싫어한다는 말을 들어 봤을 것이다. 과거에는 이런 이야기가 많이 돌았는데 최근에는 많이 줄어들었다. 오히려 종합전형 학생들이 조별수업 등 대학 생활 적응력이 좋고, 무엇보다 취업을 잘해서 대학본부에서 종합전형을 선호한다는 이야기가 들린다.

늘리면 늘렸지 줄이지 않는다 　대학교수들이 수업을 하며 종합전형 학생들을 못마땅해 한다는 이야기는 스펙을 강조하던 종합전형 초기에 많이 들려왔다. 당시 유명한 일화가 있었다. 고등학교에서 실제 로봇을 만들어 봤던 학생이 종합전형으로 명문대 로봇공학과에 입학했는데 수업을 따라가지 못해 자퇴했다는 것이었다. 이와 비슷한 이야기로 서울대 기회균등전형으로 입학한 학생들이 학점을 깔아 준다는 소문도 있었다.*

대학이 전형별 입학 학생들의 학력과 적응력을 면밀히 추적한다는 것은 잘 알려진 사실이다. 대학은 이를 바탕으로 전형을 확대하기도 하고 축소하기도 한다. 논술전형이 지속적으로 축소된 것이 그 대표적인 사례다. 고려대 논술전형에 대해 고등학교에서도 변별력이 떨어진다는 지적을 종종 했고, 필자도 논술 지도하면서 특히 문과에서 성적은 나빠도 수학 잘하는 학생에게 고려대 논술을 노려 보라고 조언을 하곤 했다(고려대 문과 논술시험에 수학 문제가 출제되었는데 난이도가 높아 문제를 푸는 학생은 합격 가능성이 높았다). 과연 고려대는 논술전형을 폐지하고 논술로 뽑던 인원 대부분을 종합전형으로 돌렸다. 다른 대학에서도 논술전형 출신들이 다른 전형에 비해 취업률이 떨어진다는 모 교수의 이야기를 들은 바 있다.

대학이 정시 출신을 선호하는 것은 수학 때문이라는 분석이 많다. 생활기록부의 비교과 영역에서 기량을 드러내기 가장 어려운 것이 수학 능력이다. 필자도 종합전형을 지도할 때 서연고 최상위권과 그 아래 수준 학생들을 지도하면서 가장 크게 느끼는 차이가

---

* 필자가 서울대에 입학한 학생에게 확인해 보곤 하는데, 전형에 따른 차이는 못 느끼고 특목고 출신들만 약간 티가 난다는 대답을 종종 들었다.

수학 실력을 언어로 풀어낼 수 있는가 여부다. 최상위권은 문과 학생이라도 자소서 1번을 수학 관련 내용으로 많이 담고, 그 아래 수준 학생들은 영어나 탐구과목 중심으로 주로 풀었다.

정시 출신, 종합전형 출신에 따른 선호는 교수 특성에 따라서 호불호가 나뉜다고 볼 수 있다. 토론이나 협동 같은 활동형 과제 수행을 중시하는 교수는 종합전형을, 연구와 실험 등을 강조하는 교수는 정시를 선호하는 듯하다. 물론 개인적 주관에 따라 견해 차이를 보일 수도 있을 텐데, 교수들이 전체적으로 동의하는 것이 과거에 비해 학생들 학력이 떨어진다는 평가다. 그러나 그 원인에 대해서는 사교육으로 인한 자기주도성의 부족, 수능 난이도 저하, 수시전형 확대, 교수의 가르치는 능력 부족 등 다양해서 정확히 무엇이라고 진단하기 어렵다.

직접 학생들을 가르치고 지도하는 교수들의 전형에 대한 선호도는 갈리지만, 대학본부에서 종합전형을 선호하는 것은 분명하다. 최근까지도 몇몇 입학사정관들에게 종합전형의 문제점에 대해 질의한 뒤 축소 가능성을 물었지만 돌아온 대답은 한결같았다. 늘리면 늘렸지 줄이지는 않을 것이라는 것이다. 개인적으로 종합전형에 대해 부정적이라는 모 입학사정관조차 종합전형 모집 인원을 줄이거나 폐지할 가능성은 절대 없다고 단언했다.

대학이 종합전형을 선호하는 이유

2019년과 2020년 전형별 모집 인원 증감을 살펴보자. 김상곤 교육부장관 시절 사회적 대타협기구의 정시 30퍼센트 확대 권고로 인하여 각 대학들이 일제히 정시 인원을 늘렸다. 서연고서성한 6개 대학은 정시 인원을 총 786명 늘렸으며, 중경외시이 5개 대학은 310명을 늘렸다. 그러면 종합은 그만큼 줄었을까? 그렇지 않다. 서연고서성한은 종합전형 인원을 115명 늘렸고, 중경외시이는 57명 늘렸다. 그러면 어디서 줄었을까? 앞의 11개 대학에서 교과가 22명 줄었고 논술이 무려 819명 줄었다. 대학별로 보면 성균관대가 종합전형 47명, 정시 423명을 늘리고 논술 363명을 줄여 가장 큰 변화를 보였다. 이미 논술전형을 폐지한 서울대와 고려대 정도가 종합전형 인원을 소폭(3명, 19명) 줄였을 뿐이다.

건국대 이하 서울 소재 4년제 대학에서는 정시 모집 인원을 오히려 줄여서 2020년에 중하위 13개 대학*에서는 정시 모집 인원이 2019년에 비해 총 72명 줄었다. 교과전형도 108명, 논술전형도 120명을 줄였다. 종합전형만 총 381명이 증가했다. 다만 세종대·과기대·동덕여대 등 종합전형보다 교과전형을 선호하던 대학은 이번에도 종합전형보다는 교과전형을 더 늘려 교과전형 우위를

---

* 숙건동, 홍국서성, 숭실, 광운, 세종, 과기, 덕성, 동덕. 이상 자료는 김창묵, '2020학년도 대입 특징과 대비', "2020 대입 대비 학년초 진학지도설명회 강의 자료집(교사용)", 서울시교육청 교육정보연구원에서 발췌.

유지했다.

대학의 모집 인원 증감 추이를 보면 종합전형에 대한 선호가 잘 보인다. 그 원인은 여러 가지가 있겠지만 일단 두 가지를 지적할 수 있다. 하나는 취업 문제다. 대부분 회사의 사원 선발이 시험에서 종합평가로 전환되면서 스펙 관리와 면접 대비, 이력서 및 자기소개서를 이미 경험하고 그 능력을 검증받은 학생들이 취업에 유리하다. 이미 기업에서는 종합전형이 정착한 세대인 '90년대생'들의 취업과 회사 생활에 대한 대책을 마련하고 있다는 소식이다. 대학 평가에서 취업률이 중요한 척도인 지금,[**] 취업에 경쟁력 있는 학생들을 미리 선점하려는 것은 당연할 것이다.

또 하나는 대학 입장에서 뽑고 싶은 학생들을 뽑을 수 있다는 것이다. 한양대가 면접과 자소서를 폐지하고 생기부만으로 학생을 선발하겠다고 했을 때, 일부에서는 특목고 아이들을 우대하려는 음모로 생각했다. 그런데 입학사정관의 말은 좀 달랐다.

"특히 면접을 폐지하면서 서연고 지원 학생들의 반수용 하향 지원[***]이 대폭 줄었습니다. 한양대에 꼭 오겠다는 학생들만 받을 수 있어서 매우 만족하고 있어요."

[**] 대학 관계자가 이런 말까지 했다고 한다. "할 수만 있다면 사장 집 아들을 뽑고 싶다. 100퍼센트 취업할 테니까."

[***] 합격하더라도 등록만 하고 재수하는 것을 '반수'라 하는데, 반수생들은 대학 입장에서는 휴학, 등록금 미납 등으로 골치 아픈 존재이다.

전형 설계에는 이런 대학 측의 고민과 계획이 반영되어 있다. 서울 중하위권 대학이 교과전형을 강화하고 논술에서 내신을 많이 반영하는 이유도 마찬가지이다. 합격해도 등록하지 않고, 등록해도 반수하는 자사고 학생들을 사전에 걸러내려면 내신 강화가 필수이기 때문이다. 종합전형은 누구보다 대학에서 선호하는 전형 방식으로 정착하고 있다. 동료 교사가 이런 말을 했다.

"종합전형은 기승전 굽신이야"

종합전형에 대해 대학 측에 따지기도 하고 묻기도 하지만 끝에 가서는 우리 애들 뽑아 달라고 굽신할 수밖에 없다는 말이다. 종합전형만큼 대학이 '갑'일 수 있는 전형이 또 있을까?

불수능 물수능 왜 반복되나?

정시를 강조하던 학부모들도 막상 고3 수험생 부모 생활을 1년 하고 난 뒤 망연자실하는 경우가 많다. 평소 모의고사 성적이 잘 나오던 아이들이 수능을 망치는 일이 많기 때문이다. 2018년은 국어 때문에 특히 그랬다. 그런데 이런 일이 새삼스러운 것은 아니다. 1교시 국어에 대한 중압감으로 수능을 포기하는 학생은 항상 있었다. 필자도 2002년 첫 3학년 담임을 맡은 때부터 이번 2018년까지 학생들에게 항상 강조했다.

"1교시 국어 1번 문제를 푸는 순간 눈앞이 하얘질 거야. 잠시 눈을 감고 심호흡을 하렴. 정답에 확신이 없어도 끝까지 풀어. 상대평가야. 너만 어려운 것 아냐. 다 같이 어려우면 등급컷이 낮아지니까 상관없어. 그리고 1교시 끝나고 혹시 우리 학교 아이가 가방 들고 나가려고 하면 말려라. 나중에 국어 1등급 성적표 받아들고 대성통곡할지도 몰라. 그러니…."

1교시 멘붕의 정체는 "한 문제만 틀려도"
20년 동안 그렇게 강조했는데도 아이들은 항상 1교시 멘붕을 호소한다. 왜 이렇게 실전 수능에서 낭패를 보는 아이들이 많은 걸까? 아이들 멘탈이 왜 이렇게 약해졌을까?

우선 과거보다 시험이 쉬워졌기 때문이다. 2018년 수능이 불수능이라고들 하지만, 그래도 서울대 정시 지원 학생들의 원점수를 보면 모험 지원이라 해도 국·수·탐 300점 만점에 285점 이상이다. 즉, 국어 90점 이상, 수학 92~96점, 탐구 98점 이상이다. 연고대도 280점 이상에서 커트라인이 형성되었을 것이다. 지금 학부모 세대가 대학 입시를 치른 80년대에는 340점 만점에 300점 이상이면 서울대, 270점 이상이면 연고대, 220점 이상이면 서울 소재 4년제 대학이었다. 2000년대 450점 만점 시절에 서울대는 430점, 연고대는 400점 정도였다. 즉 과거에는 과목당 몇 개 정도 틀려도 서연고를 갈 수 있었지만, 지금은 국어와 수학은 1~2개, 탐구는 0~1개 이상 틀리면 서연고는 지원할 수 없다. 실수로 한 문제만 더 틀려도 서연고는 물 건너 가는 것이니, 학생들이 느끼는 심리적 부담감은 20년 전과 비교할 수 없을 정도로 크다.

또, 과거에 비해 대학을 지원할 때 아이들이 느끼는 압박감이 크다. 청년실업, 비정규직 확대 등이 고3들의 마음을 강하게 짓누르고 있다. 얼마 전 서울 소재 모 대학 3학년인 제자가 와서 재수 의사를 비쳤다. 4학년 선배들 대부분이 취업에 실패한 것을 보고 그런 생각을 했다는 것이다. 문과에서 안정적인 취업은 중앙대 경영학과가 마지노선이라고 하는데, 중앙대 경영학과에 정시로 지원하려면 수능 97퍼센트, 원점수로 300점 만점에 275~280점 정도를 받아야 한다. 이과는 무조건 의대인데, 지방대 의대조차 수능 98~99퍼센트, 수능 290점 이상은 되어야 한다.

요즘 아이들 눈높이가 너무 높다고 지적하는 사람들도 있다. 하지만 진학 지도를 하면서 체감한 바에 따르면 결코 그렇게 이야기할 수 없다. 개인적 경험이니 일반화하기는 어렵겠지만, 아버지가 대기업 사무직인 경우 숙건동 이하에 합격했을 때 재수시키는 비율이 다른 부모보다 높았고, 전문직 종사자 아버지들의 경우 "아들은 고려대 밑으로는 안 보내겠습니다"라고 말하는 경우도 종종 보았다. 학부모 상담할 때 특히 아버지와 상담할 때 현재 재직 중인 직장에 취업하려면 어떻게 해야 하는지 물어보는데, 대답을 피하거나 서성한까지만 입사 가능하다는 대답이 많다. 기간제(계약직) 교사 1명을 채용하는 데 이력서가 100통 이상 오고 그중 30통 이상이 서연고일 정도로 취업난이 극심하다. 이 심각한 학력 인플레가 그대로 아이들에게 입시 부담으로 가고 있다.

결국 아이들의 멘탈은 입시에 대한 중압감에, 오늘날 청년 세대가 느끼는 청년실업, 비정규직의 부담까지 가중되면서 힘들 수밖에 없다.* 최근 몇 년 동안 여학생 진로 지도를 하며 직업군인 취업 상담 사례가 늘어 가는 상황에서, 아이들 눈높이 운운은 사치스럽게 느껴진다.

사교육 경감과 변별력, 공존할 수 없는 두 가지 목표

아이들 멘탈이 가뜩이나 약한데 해마다 불수능 물수능이 반복되어 더욱 힘들다. 수능 난이도를 일정하게 유지하는 것이 그렇게 힘든 일인가?

쉬운 수능, 즉 물수능은 사교육 경감 때문이다. 공교육에서 가르칠 수 있는 내용은 한계가 있으므로 전국 평균 수준으로 출제하면 상위권, 특히 최상위권 입장에서는 너무 쉬운 시험이 된다. 만점이 속출하고 서연고 변별력이 나오지 않는다. 학생 역시 실수에 대한 부담 때문에 훨씬 심한 압박감을 느낀다. 실력이 부족해 대학 못 간 학생은 결과를 받아들여도, 실수로 원하는 대학을 가지 못한 학생들은 무슨 짓을 저지를지 모른다. 실제로 최상위권 수험생이 수능 성적을 비관해 투신했다는 안타까운 사건이 일어나곤 한다.

정시에서 가장 중시하는 것은 변별력, 그것도 최상위권 내의 변

---

* 2018년 정규직 취업자는 전체 취업 준비자의 10퍼센트에 불과했다. 《서울경제신문》 2019년 1월 21일자 참조.

별력, 즉 서연고 변별력이다. 상위권, 중위권, 하위권을 변별하고 싶어 하는 것이 아니라 1반 1등, 2반 1등, 3반 1등을 변별하고 싶어 하는 것이다. 그렇게 변별하여 한 학교 10개 학급 1등 10명은 각각 서울대 1~2명, 연고대 3~5명, 서성한 3~6명 간다. 그런데 물수능인 경우, 실수 여부에 따라 순위가 뒤바뀐다. 실수로 연고대에 가지 못하고 서성한이나 중경외시로 가는 아이들이 나오면 비난이 쇄도한다. 물수능과 변별력 부족을 비난하는 기사는 매년 겨울마다 충분히 보았을 것이다.

언론의 비판과 사회적 비난, 최상위권 학생의 변별을 원하는 최상위권 대학의 요구가 강해지면 불수능이 등장한다. 그런데 현장에서 느끼기에 불수능에 대한 사회적 비난은 물수능보다 강도가 덜하다. 2018년 수능에 대해 오랜만에 수능다운 수능이 출제되었다고 칭찬하는 사람들도 많았다. 다만 국어만 어려웠다는 것이 불만이었다. 특정 과목만 어려우면 공정성이 떨어진다는 이유다. 그래서 불수능에 대한 불만이 정말 불수능을 비판한 것인지, 아니면 국어만 어려웠던 것에 대한 비판인지 잘 구분해서 보아야 한다.

불수능은 사교육 시장을 요동치게 한다. 벌써 국어학원이 문전성시고 중학교 학원가까지 뜨거워졌다는 소문이다.** 수학도 덩달

** 대표적 물수능인 한국사의 경우 한국사 강사들이 이미 한국사검정시험 강의로 옮겨 갔다는 소문이다. 설민석의 수능 한국사 강의가 무료로 풀린 것 역시 그렇게 이해한다. 그런가 하면 초등학생 대상 역사 강좌가 대거 폐강되고 있다는 소문도 들린다.

아 어려워질 것이라는 소문이 있는데, 수학은 문과 수학(수리 나형) 1등급 컷이 92점~96점(1개 혹은 2개 틀린 점수)인데도 수포자가 절반 이상인 상황에서 더 어려워지면 완전히 그들만의 리그가 될 것이다.

불수능은 종합전형을 대비하는 고등학교를 패닉으로 몰아넣는다. 이미 학교 방과후수업은 대부분 활동수업이다. 학교가 종합전형에 치중할수록 수능 대비를 원하는 중상위권 학부모들의 불만은 높아 가고, 학교는 결국 교육 당국과 학부모 사이에 끼인 꼴이 될 것이다. 사교육에 대한 대책을 공교육에서 마련해야 한다는 여론이 높아지면 정시와 수시 어느 하나도 제대로 하지 못하고 우왕좌왕하게 되고, 이 과정에서 가장 유리한 학교는 정시로 특화된 학교들, 곧 특목고, 자사고와 교육특구의 명문고들이다.

불수능과 물수능의 반복은 변별력 확보와 사교육 경감이라는 공존할 수 없는 두 목표 사이에서 방황하는 교육 당국의 자화상이다. 사교육을 경감하려면 물수능, 변별력을 강화하려면 불수능이다. 정부가 장기적 교육개혁 전망을 세우고 이에 대한 국민의 동의를 구하지 못하는 한 앞으로도 혼란은 계속될 것이다.

결론

종합전형에 쏟아지는 비판과 의혹은 학부모나 교사나 사회 여론이나 크게 다를 바 없다. 종합전형은 완전하지 않고 문제점이 많으며 무엇보다 한국 입시교육의 근본적 해결책으로서 부족하다. 그러나 현재 시행되는 정시, 논술전형, 교과전형 등과 비교했을 때 가장 우수한 전형임이 틀림없다. 종합전형을 비판하기에 앞서 몇 가지 확인해야 할 내용이 있다.

입시는 계층이동 수단이 아니다

먼저, 입시를 계층 이동 수단으로 생각해서는 안 된다. 지금까지 존재한 모든 입시교육의 문제점이 여기에서 비롯되었다. 입시를 '개천에서 용 나는 수단'으로서 여긴다면 한국 교육의 가장 핵심적인 문제는 그대로 둔 채, 오히려 강화하자는 주장밖에 안 된다. 최소한 교육개혁을 주장하는 사람이라면 이런 주장을 해서는 곤란하다. 만 18세에 앞으로 살아갈 사회계층이 결정난다니, 이런 사회가 상식적이고 합리적인가?

　2005년 일본에서 〈여왕의 교실〉이라는 11부작 드라마가 방영되어 큰 충격을 주었다.[*] 2019년 한국의 〈스카이 캐슬〉만큼이나 신드롬을 불러일으켰는데, 드라마의 내용은 이렇다. 격차사회로 일컬어지는 계층 이동의 가능성이 사라진 일본, 입시열풍은 계층 유지를 위한 상류층의 전유물이 되고 중산층 거주 지역의 학교는 '전인교육'에 집중한다. 중산층 학교에 부임한 마야 선생은 학생들에게 경쟁해서 이기라는 내용의 입시교육을 강조하면서 전인교육에 익숙한 학생 및 다른 교사들과 정면충돌한다.

　이 드라마가 충격을 준 이유는 격차사회의 해법이 비인간적 경쟁교육의 부활 외에는 없다는 과격한 주장 때문이었다. 일본은 이미 90년대 중반부터 열린 교육을 통해 전인교육을 상당 수준 발전시켰으나, 학업의 동기 부여가 되지 않는 상태에서 학력 저하와 교실 붕괴로 곤욕을 치르고 있었다.[**] 이에 과거로 돌아가자는 여론이 조심스레 나왔는데, 그것을 드라마화한 것이 〈여왕의 교실〉이었다.

　그나마 일본은 한국보다 좀 더 열린 사회이다. 지금도 공고 출신 생산직이 현장에서 기술 개발을 하면 능력을 인정받아 회사 연

---

[*] 한국에서는 2013년 16부작 드라마로 리메이크되었지만 별다른 화제가 되지 못했다.

[**] 이에 대한 비판은 2010년 나가시마 테츠야 감독의 〈고백〉이라는 영화에서 잘 그려지고 있다.

구소 연구원으로 특채될 수 있다. 한국처럼 연구소가 박사학위 소지자들로 채워지는 것과 대조적이다. 성인 사회의 경직성이 심한 한국에서는 계층 이동의 스트레스가 더 심각하게 대학 입시로 쏠린다. 이를 방치한 채 교육개혁이 가능할까? 그런 교육개혁은 결국 〈여왕의 교실〉 같은 반발을 불러올 것이다.

입시교육 문제와 종합전형 문제를 혼동 말라

다음으로, 입시교육에 대한 비판과 종합전형에 대한 비판을 혼동해서는 안 된다. 상류층 중심, 상위권 중심, 과도한 학업 부담, 사교육비 등은 입시교육 자체의 문제이지 종합전형만의 문제가 아니다. 종합전형은 그런 입시교육의 문제점을 조금이라도 해결하려고 도입한 전형이며, 최소한 학교교육에서만큼은 소중한 변화를 이끌어내는 데 성공하고 있다. 독서교육 활성화, 토론수업과 조별 활동 강화, 동아리활동 및 체험활동 강화, 혁신학교와 대안교육의 흐름 등은 모두 종합전형이 있었기에 가능했다.

종합전형 비판자들이 주장하는 시험 중심 입시체제로 돌아갈 경우 학교 현장은 또다시 파탄날 것이다. 밤늦은 시간까지 학원에서 수업 듣고 아침에 학교 와서 자는 학생, 모든 동아리의 보충수업화, 새벽 등교와 강제 야간자율학습, 국영수 외 교과 수업의 파행적 운영, 우열반 부활, 암기 위주 수업, 독서 등 교과 관련 활동수업 실종, 체벌, 가혹한 교복 및 두발 단속….

지인의 자녀가 학원에 가서 수업 시간에 산만한 태도를 보인 모양이다. 강사가 화가 나서 아이의 뒤통수를 때리고 부모에게 전화를 걸어 학원비 전액 환불할 테니 나가라고 했단다. 학교라면 심각한 학생인권 침해 사안이지만, 지인은 강사에게 사과하고 학원비를 돌려받았다. 필자는 아이가 없어서 당신이 그러고도 진보냐고 했다. 아직도 일부 학원에는 체벌과 인권침해적 모욕이 가해지지만 학원비 환불로 무마된다. 그것이 바로 입시에 투영된 어른의 욕망이고, 여기에는 보수와 진보가 따로 없다. 시험 중심 입시체제로 돌아갈 경우 학교가 어떻게 퇴행할지 상상하는 건 어렵지 않다.

대안은 분명하지만… 그럼 어떻게 해야 할까? 필자가 생각하는 대안은 이렇다.

첫째, 대학 서열화와 서연고 독점체제가 개혁되어야 한다. 세계 어느 나라에나 명문대와 비명문대가 존재한다. 하지만 한국만큼 모든 대학이 촘촘하게 서열화되고 그 순위가 취업에 직결된다고 생각되는 나라는 없다. 그만큼 대학을 통한 진입장벽이 높고 견고하다. 전국 대학교수, 대기업 임원의 절반 이상이 서연고 출신이다. 의사가 되려면 의대, 초등교사가 되려면 교대, 중고등학교 교사가 되려면 사범대를 나와야 한다. 전부 상위 10퍼센트 이상의 성적, 의대와 교대는 상위 5퍼센트 이내 성적으로만 갈 수 있다. 소위 좋은 직업의 진입장벽이 명문대 혹은 인기학과 입학 과정에서 만들어지고, 최상위권 학생들에게만 진입을 허용하는 한 입시 과열은 필연적이다.

둘째, 대학과 학과에 따른 취업 차별이 없어야 한다. 예컨대, 사학과는 취업이 안 되는 학과로 유명하다. 필자가 대학을 졸업했을 때 사학과라는 이유로 서류심사에서 탈락한 것이 한두 번이 아니다. 심지어 어떤 회사는 사학과는 아예 원서 접수조차 받아 주지 않았다. 그런데 또 많은 동기나 선후배들 중에는 사학과인데도 대기업에 취업해서 임원급으로 승승장구한 사람들이 여럿 있다. 그들은 어떻게 사학과인데 승진했을까? 명문대라서? 그렇지 않다. 필자 동기나 선후배 중 능력을 인정받은 유명한 사람들이 꽤 많다. 기회만 주어진다면 실력을 발휘할 사람들이다. 그런데 출신 대학과 전공학과 때문에 그 능력을 발휘할 기회 자체가 주어지지 않는다. 기회를 얻으려면 명문대나 인기학과에 들어가야 하는데 그러려면 자기 분야와 상관없이 국영수를 잘해야 한다. 이것이 과연 공정한 것일까? 나의 능력을 입증하려면 나와 상관없는 능력을 보여 줘야 한다? 축구 국가대표 선수가 되려면 야구 실력을 검증받아야 한다?

셋째, 수학능력시험은 자격고사화해야 한다. 각종 검증시험처럼 문제뱅크 식으로 출제해서 일정 점수 이상을 획득한 사람에게 대학 지원 자격을 똑같이 부여해야 한다. 예를 들어 400점 만점에 350점 이상은 소위 서울 메이저 11개 대학(서연고 서성한 중경외시이) 응시 자격을 주고, 어느 대학을 갈지는 추첨으로 뽑는 것이다. 국립대는 모두 통합하여 자격고사를 통과한 학생들은 거주지 근처 학교를 다니도록 하고(서울은 서울대, 광주 전남은 전남대, 부산 경남은 부산대…) 졸업장은 국립대 이름으로 준다. 대학에서 수강할 능력이 있는지만 검증하고, 자유롭게 원하는 학교를 선택해 다닐 수 있도록 한다. 참으로 좋지 않은가?

변별력을 공정함과 동일시하는 분위기에서는

그러나 필자는 이런 개혁안이 현실 가능하다고 생각하지 않는다. 교육개혁을 부르짖는 자들조차 서울대 추종을 버리지 못한다. "자유롭게 키웠고 공부 강요 안 했지만 서울대 갔다" "사교육도 안 했고 학교 공부만 열심히 해서 고려대 갔다"는 주장을 심심찮게 들을 수 있다. 기승전 서연고, 교육개혁도 서연고를 가야 입증되는 상황에서 대학 서열화를 비판할 수 있을까?

어느 부모도 자기 자식이 서연고를 가면 아이의 인성에 대해 더 이상 논하지 않는다. 교사가 학생의 인성 관련 문제를 지적할 때 상위권과 중위권 학생이 받아들이는 태도가 다르고, 부모는 더욱 그렇다. 서연고만 가면 아이의 인성은 별 문제가 없는 것일까? 승리지상주의, 우월의식, 엘리트 의식, 이런 것들이 과연 바람직한 것일까? 1등을 하겠다는 그 집요한 욕망이 정말 아무 문제가 없는 것일까? "공부하라고 안 했는데 알아서 연세대 갔어"라는 아빠의 말에는 자식이 아주 근면하고 성실하다는 만족감이 담겨 있다. 그 지독한 경쟁의식은 보이지 않는 것일까? 서연고에 간 아이들도 우리 시대 청소년이고 모두 입시체제로부터 받은 상처를 안고 있다. 오히려 명문대에 진학한 학생일수록 그 상처가 더 방치되고 있다. 그것이 명문대 지상주의이다.

서연고 출신들은 엘리트 의식과 자신이 우수하다는 자부심이 강하다. 자신들의 지위와 역량을 기득권으로 치부하면 강하게 거부한다. 이는 보수, 진보 할 것 없이 마찬가지이다. 문재인 정부 첫 내각의 절반이 서울대 출신이었고, 역대 진보정당 대통령 후보도 모두 서울대(권영길, 이정희, 심상정)였으며, 장기간(2년 전후) 진보정당 대표를 맡았던 사람들(권영길, 천영세, 문성현, 강기갑, 이정희, 심상정, 노회찬, 이정미) 중 서연고가 아닌 사람은 농고 출신 강기갑과 외대 출신인 이정미뿐이다. 진보를 해도 서연고를 나와야 지도부가 될 수 있다?

의사, 교사, 교수 등 좋은 직업들이 진입장벽을 낮출 가능성도 없어 보인다. 필자가 전교조에 가장 실망했던 것이 계약직인 기간제 교사에 대한 태도였다. 기간제 교사가 사실상 비정규직임에도 불구하고 교대라는 진입장벽, 공채(임용시험)라는 진입장벽을 결코 허물 수 없다는 태도로 일관하며 계속 해결책을 정부에 미루고 만 있다. 현재 다수의 사무 비정규직은 견고한 진입장벽에 막혀 정규직 전환이 되지 않고 있고, 정부는 일부 생산직의 정규직 전환만 추진하고 있다. 하지만 솔직히 정규직 교사인 필자조차도 공채라는 진입장벽, 교대라는 진입장벽을 허물었을 때 예상되는 각종 인사비리에 대한 공포를 갖고 있다.* 진입장벽과 인사 공정성이 묶여 있는 현실에서 진입장벽을 무너뜨릴 수 있을까?

수능 자격고사화? 사회적 논의기구의 토론 과정에서 드러났듯, '변별력'을 공정함과 동일시하는 분위기에서 수능을 무력화하는 제도가 채택될 것 같지 않다. 공정성 논쟁에는 계층 이동에 대한 욕망이 함께하기 때문에, 지금 같은 장기불황에 빈부격차, 계층 고정화가 겹친 시기에 이런 주장은 어려울 것 같다.

필자가 종합전형을 강조하는 이유는 바로 대입 개혁이 이처럼 난망하기 때문이다. 어른의 욕망이 아이들에게 투영되는 이상, 어떤 대입이든 치열하고 잔혹하고 비정상적이다. 그렇다면 이 속에서라도 최소한의 교육적 가치를 추구할 제도를 찾아야 하지 않을까? 어차피 24시간 입시의 중압에 시달려야 한다면, 국영수 문제집만 잡고 있지 말고 톨스토이와 주디스 버틀러도 읽고, 혼자 살겠

---

* 그래도 사립 중고등학교 기간제 교사의 정규직 전환이 왜 안 되는지는 알 수가 없다. 서울 중고등학교의 절반이 사립이기 때문에 이 문제만 해결해도 비정규직 문제 해결에 큰 도움이 될 텐데 말이다.

다고 죽어라 문제집만 파지 말고 급우들과 토론도 하고 협동수업도 하고, 햇살 좋은 봄날 오후에 야외에 나가도록 해야 하지 않을까? 입시를 위해 교실이나 자습실에서 문제집만 푸는 것보다는, 입시를 위해 야외 체험활동 나가는 게 낫지 않은가? 마치 종합전형만 없어지면 아이들이 야외에 나가 자유롭게 놀 수 있을 것처럼 사기 치지 말고.

현장에서 대비 가능한 전형으로 만들어야
그런 의미에서 종합전형에 대한 비판보다 개선 방안을 이야기해 보자. 먼저 전형이 간소화될 필요가 있다. 양적 문제가 아니라 질적 문제인데, 우선 학부모나 현장 교사가 이해할 수 있는 수준이어야 한다. 한국의 입시는 어머니의 뒷바라지가 큰 비중을 차지하는데, 어머니들의 종합전형에 대한 이해도가 많이 떨어지는 형편이다. 사실 학교 현장에서도 종합전형을 따라가지 못하는 교사들이 많다. 필자는 2017년에 2학년 담임을 하고 2018년 다시 3학년 담임이 되었는데 그새 고려대 종합전형이 서연고 종합전형 지원의 판을 뒤집어 버려서 꽤 애를 먹었다. 진학 지도 일선에 있는 사람이 이 정도니 학부모들은 오죽하겠는가?

필자는 드라마 〈스카이 캐슬〉을 거의 보지 않았다. 몇 번 보고는 그 내용이 너무 황당해서 흥미를 잃어버렸다. 〈스카이 캐슬〉은 입시 문제를 다룬 드라마가 아니라 입시에 대한 공포를 다룬 드라마다. 부모의 뒷바라지에 따라 대학이 결판난다고 믿는 상황에서, 종합전형을 이해하지 못하는 부모들의 공포가 어느 정도인지를 입시 코디라는 상징*을 통해 잘 그려 냈다. 필자는 그 두려움을 지난 6년 동안 현장에서 충분히 겪었기 때문에 굳이 드라마에서 다시 확인하고 싶지 않았다.

생기부는 내신과 과세특, 학급활동과 동아리, 독서(책 제목과 지은이만 기재)만 남기고 나머지는 폐지하기를 바란다. 종합의견은 학부모 및 학생 비공개가 아니라면 역시 폐지를 희망한다. 특히 봉사와 수상은 꼭 폐지했으면 한다. 수상은 격려와 칭찬의 수단이어야지 상위권 학생들만의 경쟁 대상이 되어서는 안 된다.

자소서는 현행 1번과 2번만 남기고 3번 4번은 폐지되기를 바란다. 특히 서울대는 4번이 최소한의 부담을 주어야 한다는 원칙을 져버리고 큰 부담이 가도록 운영해서 오히려 자소서 비중을 높이는 데 일조했다.** 국립대학으로서 유감스러운 부분이다. 추천서 역시 폐지하기를 바란다. 지금처럼 명문대 몇 명 가느냐로 고교 서

---

* 사실 드라마의 입시 코디는 마치 〈여왕의 교실〉의 마야 선생(배우 아마미 유키)과 같은 이미지를 풍긴다. 공교롭게 배우 김서형과 아마미 유키의 외모도 닮은 편이다.

** 보통 4번은 대학에 진학한 후의 계획이나 희망을 적는 부분이며, 최소한의 부담을 주거나 폐지해도 좋은 항목으로 설정했다. 그러나 서울대는 자신이 가장 감명 깊게 읽은 책 3권을 각각 500자 이내로 소개하도록 함으로써 상당한 부담을 주고 있다. 필자도 서울대 4번은 입시 코디를 갈구할 만큼 지도할 때마다 애를 먹는다.

열이 정해지고 그것이 학교 선택제에 영향을 주는 상황에서 솔직하게 추천서를 쓸 교사가 몇이나 되겠는가? 공연한 교사들 작문 경쟁이다.

면접은 생기부와 자소서 내용을 확인하거나 심화하는 수준에서 이루어져야 한다. 최근 면접 추세가 계열 지식이나 전공 지식을 물어보는 질문지 면접이 강화되고 있어 학교에서 준비가 불가능한 수준이 되고 있고, 결국 학원의 면접 족집게가 유행하고 있다고 한다. 면접이 스피치 시험 형식으로 가면 사교육이 번창한다.

이와 함께 교사와 학부모에게 종합전형을 충분히 알리는 노력이 필요하다. 종합전형은 1, 2학년 때의 생기부와 내신에서 결판이 나는데, 정작 1, 2학년 담임은 종합전형에 대한 구체적 정보를 접할 기회가 부족하다. 학부모들도 자소서 첨삭이나 비교과 활동 컨설팅 등 기술적 문제를 강조하는 학원의 목소리에 휘둘리며 불안해한다. 이런 것들이 종합에 대한 공포와 불안을 조장한다.

예를 들어, 사실 자소서 첨삭은 기초적인 실수를 막아 주는 수준에 지나지 않는다. 한 학생의 자소서에 "요즘 학생들의 눈높이가 너무 높아 명문대에만 지원하려 하는데…"라는 구절이 있었다. 명문대에 지원하는 자소서에 이런 글을 쓰면 이상하지 않은가? 이런 실수를 적당히 다듬어 주는 것이지, 윤문 자체가 당락을 좌우할 수는 없다. 그런데 종종 학부모들은 그런 테크닉을 대단한 것으로 착각한다. 중요한 것은 자신의 역량을 보여 줄 활동의 서술이지 말실

수가 아니다. 활동 컨설팅도 마찬가지다. 아무리 좋은 책을 추천해 줘도 학생이 소화하지 못해서 자소서에 쓰지 못하거나 면접 때 대답하지 못하면 도로아미타불이다. 엄마가 해 준 봉사활동이 함정으로 돌아오는 것도 마찬가지다.

그럼에도 정부가 하는 일은 1년에 한두 번 체육관에 수천 명의 학부모를 모아 놓고 특강을 하는 것뿐이다. 학교 교사들에 대해서도 마찬가지다. 그러나 교사들에게 당장 급한 일은 학교폭력이지 종합전형이 아니다. 고3 담임조차도 1년 업무량의 3분의 1이 학폭 처리인데, 고3 담임을 위한 특강을 두어 번 마련하고 나머지는 알아서 동료 교사들에게 전파하고, 그 교사들이 또 알아서 학부모에게 전파하라는 식은 너무하지 않은가? 그렇게 하기에는 종합전형은 너무 낯설고 복잡하다.

제도는 정부가 만들고 그 제도에 대한 학습과 실천은 교사와 학부모가 알아서 하라는 식은 곤란하다. 텔레비전에 자세한 설명과 대응을 할 수 있는 프로그램을 만들고 시청할 수 있도록 적극 홍보하는 것이 필요하다. 현장 교사들에게도 제발 "업무 공백이 없도록 퇴근 시간 후 자비를 들여 교육받을 것" 따위의 지침은 내리지 않았으면 한다. 교사가 시행되는 제도를 숙지하는 것은 업무가 아니란 말인가?

내신 절대평가 시행, 고교등급제 시도에 대한 엄격한 감독, 고교 과정과 대학 입시제도의 연계성 강화 등 그 외에도 제안할 것이 많다. 그러나 당장 시급한 것은 종합전형을 제대로 이해하고 현장에서 대비 가능한 전형으로 만드는 것이다.

종합전형은 차선이나 차악일 뿐 최선은 아니다. 그러나 최선의 길은 요원하니 차선이라도 택해야 하지 않을까? 최선이 아니니 차라리 최악을 택하자는 주장은 결코 수용되어서는 안 된다. 그리고 개혁에서 중요한 것은 사람에 대한 배려다. 학생과 교사, 학부모에 대한 배려 속에 논의되기를 희망한다. 교육 현장에서는 교육개혁 때마다 나오는 경구가 있다.

"아이들은 실험용 모르모트가 아니다. 새로운 제도의 실험용으로 생각하지 마라."

종합전형은 막 걸음마를 뗀 신생아 수준이다. 비틀거리고 약하다. 큰 흐름의 개혁을 위한 세심한 배려가 필요하다. 많이 좋아졌고, 많이 좋아질 것이다. 아이들의 희생이 없도록 최대한 서로 돕고 배려하며 한 걸음 한 걸음 나아가기를 바란다.

최선이 아니라고
최악을 선택하진 말자

학교 현장에서 입시에 등돌리고 전인교육에 집중하는 교사들이 꽤 있다. 일부 학생이나 학부모들에게 욕먹고 동료 교사들에게 비판을 받으면서도 꿋꿋이 자기 길을 간다. 그런데 이런 교사들이 또 아이들에게 존경도 많이 받는다. 고생해서 대학 보내 놨더니 그 선생님이 참스승이라며 그런 교사가 되고 싶다는 말을 들으면 허탈해지기도 한다. 하지만 이 또한 현재 고등학교의 현실이다.

입시 자체가 상위 30퍼센트의 잔치다. 70퍼센트의 아이들은 입시에서 소외되어 있다. 수도권 지도를 펼쳐 놓고, "자, 강남역에서 스쿨버스 타고 1시간 안에 갈 수 있는 대학은 이곳, 이곳, 이곳이야. 총 통학 시간은 왕복 3시간에서 4시간까지 걸릴 수 있어. 좀 힘들기는 하겠지만, 네 성적으로는 이게 최선인 것 같구나."

30명의 아이들 중 최소한 15명 이상의 아이들에게 이런 말을 하고 있는 나 자신이 답답하고 참담하지만 어쩔 수 없는 현실이다. 내가 이런 말을 하려고 그동안 아이들에게 입시 전략과 공부 방법을 설명했던가. 하지만 온갖 방법으로 등수를 매겨 60만 수험생 중 20만 등 안에 들어간 아이들만 원하는 대학에 갈 수 있는 현실에서, 등수 밖 아이들에게는 이렇게 상담해 주는 방법밖에 없다. 취업? 적성? 청년실업 시대에 참 답답한 말이다.

"쌤. 여기 나오면 취직돼요?"

"글쎄다. 요즘 서울대 나와도 취직 안 되는 세상인데, 대학에서 네가 어떻게 하느냐에 달려 있겠지?"

"전문대 가는 것이 어떨까요?"

"글쎄다. 이번에 김용균법이 통과될지 모르겠네….그게 통과되어야 하는데…."

해마다 고등학교에서는 선생님들이 고3을 맡지 않으려 해서 담임 선정에 애를 먹는다. 본교도 업무 순환 원칙이 있지만 3학년 담임은 기피하는 사람이 많아 희망자의 경우 대개 몇 년이고 계속한다. 사실 몸고생은 다른 학년 담임과 별다르지 않은데, 마음고생이 너무 심하다. 계속 하다 보면 면역이 생겨서 버틸 수 있지만, 처음 고3 담임을 맡으면 우울증 치료를 고민할 정도로 괴로워하는 사람이 많다.

해마다 대학 입시철이 되면 이런 현장의 고통과는 별개로 치열한 사회적 논쟁이 일어난다. 개천에서 용 나와야 한다는 이야기는 반드시 나오고 불수능, 변별력, 정시냐 수시냐 등을 놓고 대한민국 국민 전체가 나서서 목소리를 높인다. 그리고 대개의 경우 논쟁의 마무리는 그래서 어떻게 명문대를 보낼 것인가로 귀결된다.

문재인 정부 첫 교육부총리인 김상곤은 무상급식과 혁신학교로 한국 교육개혁에 큰 획을 그었다. 그러나 정시 확대를 둘러싼 사회적 논의기구 실패 한 방에 날아가고 말았다. 개혁적 장관이 교육부 관료를 장악하지 못해서 제대로 일을 하지 못했다고 비판하기도 한다. 하지만 한국 교육의 문제가 단순히 관료의 문제일까? 대학 입시를 통한 신분 상승의 사회적 욕망이 지배하는 나라에서 관료들이 열심히 일하기만 하면 1천만 아이들이 행복한 나라가 될 수 있을까?

등수로 서열화시키는 나라에서 70퍼센트의 아이들은 소외될 수밖에 없다. 많은 교사들이 그 70퍼센트의 아이들을 위해 열심히 일한다. 아이들도 그 교사들을 존경한다. 졸업생이 찾아와 함께 술잔을 기울이며 이런저런 이야기를 나누다가 그런 선생님이 화제에 오르면 단번에 아이들 얼굴빛이 환해지곤 한다. 학교에서 공교육을 지킨 교사들은 유능한 입시전문 교사라기보다 70퍼센트의 아이들을 잘 가르친 교사들이다. 공부 잘하는 아이들은 수업 시간에 선생님이 딴소리한다고 타박하지만, 세상과 인생을 가르치는 교사들이 참스승이고 또 존경받는다.

대학 입시를 둘러싸고 해마다 똑같은 논쟁이 반복되는데, 그때마다 언론을 장식하는 사람들은 뜬구름 잡는 이야기를 하는 대학교수와 엄청난 테크닉을 자랑하는 사교육 기관의 대표들이다. 그러나 입시전쟁의 최전선에서 학교를 지키는 것은 교사들이다. '무능교사', '타락교사'라고 번갈아 욕먹어 가며 오늘도 학부모와 싸우고 아이들 눈물 닦아 주는 사람들이다. 제발 그들에게 대한민국 교육을 물어보았으면 좋겠다.

"요즘 전교조 모임에 나오는 교사들은 중학교 선생들뿐이야."

전교조 조합원 교사가 지회 모임에 대해 이렇게 말했다. 전교조조차 한국 입시교육에서 자유롭지 못하다. 전인교육을 하든 입시교육을 하든 이 지독한 욕망의 현실을 피해 갈 수 있는 교사는 아무도 없다. 모두 나름의 방법으로 아이들을 위하고 있을 뿐.

이 책을 읽는 독자들에게 당부하고 싶은 말이 있다. 한국 교육에 투영된 어른들의 욕망을 냉정하게 보고 결코 피하지 말고 정면으로 부딪히며 고민해 달라는 것이다. 크게 보면 종합전형이든 정시든 애들 죽이는 입시교육인 것은 마찬가지다. 그러나 입시교육이 철폐될 수 없다면, 그 속에서 우리가 선택할 차선 혹은 차악이 무언지 치열하게 고민하기 바란다. 각자의 처지에서 선택할 수 있는 최선이 무엇인지, 그것들을 하나둘 모으다 보면 그래도 최소한의 사회적 합의가 가능하지 않을까?

종합전형 31문 31답

2019년 7월 5일 초판 1쇄 발행

지은이 | 표학렬
펴낸이 | 노경인 · 김주영

펴낸곳 | 도서출판 앨피
출판등록 | 2004년 11월 23일 제2011-000087호
주소 | 우)07275 서울시 영등포구 영등포로 5길 19(37-1 동아프라임밸리) 1202-1호
전화 | 02-336-2776   팩스 | 0505-115-0525
전자우편 | lpbook12@naver.com

ISBN 979-11-87430-71-1